AF391174

GÉOGRAPHIE

ÉLÉMENTAIRE-DESCRIPTIVE.

PRINCIPAUX OUVRAGES DU MÊME AUTEUR.

GÉOGRAPHIE ÉLÉMENTAIRE-DESCRIPTIVE, 2ᵉ cours 2 f. 50 cart.

GRAMMAIRE FRANÇAISE, MÉTHODIQUE et RAISONNÉE, rédigée d'après un nouveau plan, etc., adoptée pour les collèges et les écoles normales, 4ᵉ édit.   2 f. 50 broché.

EXERCICES sur cette Grammaire.

   — 1ᵉʳ vol.   1 f. 50.

   — 2ᵉ vol.   2 f. 50.

CORRIGÉ des exercices.   2 f. 50.

ABRÉGÉ de la Grammaire.   1 f. 50.

— CORBEIL, IMPRIMERIE DE CRÉTÉ. —

GÉOGRAPHIE
ÉLÉMENTAIRE-DESCRIPTIVE

OU

LEÇONS GRADUÉES DE GÉOGRAPHIE

A L'USAGE

DES ÉCOLES NORMALES,
DES COLLÈGES ET DES MAISONS D'ÉDUCATION,

OUVRAGE ESSENTIELLEMENT MÉTHODIQUE,
COMPOSÉ D'APRÈS UN NOUVEAU PLAN, ET QUI PEUT ÊTRE ÉGALEMENT ADAPTÉ
A L'ÉTUDE ET A L'ENSEIGNEMENT DE LA GÉOGRAPHIE;

DIVISÉ EN DEUX COURS,

ET TERMINÉ PAR DEUX TABLES, L'UNE ANALYTIQUE ET L'AUTRE ALPHABÉTIQUE,

AVEC DES TABLEAUX ET TROIS CARTES COLORIÉES,

PAR A. BONIFACE, INSTITUTEUR.

PREMIER COURS.

DEUXIÈME ÉDITION. — PRIX : 1 FR. 50 C., CARTONNÉ.

PARIS,

DELALAIN, | **LEVRAULT,**
RUE DES MATHURINS-St-JACQUES, 12. | RUE DE LAHARPE, 81.

ET CHEZ L'AUTEUR, RUE DE TOURNON, 33.

1835.

EXPOSITION

DU

PLAN DE L'OUVRAGE.

Il est aujourd'hui généralement reconnu que la Géographie est indispensable à toutes les classes de la société ; et le succès qu'obtiennent chaque jour les nombreux ouvrages géographiques atteste le besoin qu'on ressent de cette science qui sera bientôt d'un usage commun, puisque l'enseignement vient d'en être ordonné dans toutes les écoles.

Quels regrets ne doivent donc pas éprouver ceux qui, n'en possédant qu'une connaissance imparfaite, se trouvent à chaque instant embarrassés par la citation des plus simples faits géographiques !

Aujourd'hui surtout que, dans nos collèges, l'histoire fait essentiellement partie de l'instruction ; que ses annales fournissent à nos écrivains la plupart de leurs matériaux, quel flambeau y portera la lumière, si ce n'est celui de la Géographie, compagne inséparable de tous les faits historiques ?

Il est encore une autre science, dont l'utilité n'est pas moins évidente, et sur laquelle est fondée la Géographie elle-même : c'est la *Cosmographie*, dont l'enseignement est généralement négligé dans nos écoles, parce qu'on la croit, mais à tort, au-dessus de l'intelligence des enfants.

Cependant, sans une connaissance plus ou moins approfondie de cette science, les ouvrages géographiques les mieux écrits deviennent insipides par l'emploi fréquent de termes d'astronomie que l'on ne comprend pas.

Le diplomate, le guerrier, le littérateur, le commerçant, l'homme du monde même, ont donc également besoin de connaître la constitution physique et politique de notre globe et ses rapports avec les autres astres.

Mais c'est dans la jeunesse, et surtout à cet âge où toutes les impressions se reçoivent si facilement, qu'il faut enrichir sa mémoire des faits qu'embrassent ces deux sciences.

Ce qui concerne la *France*, dont une connaissance spéciale est indispensable, y est traité d'une manière particulière, et avec plus de développements que les autres parties de l'Europe.

Cette contrée, d'abord considérée physiquement, est décrite suivant les bassins formés par ses chaines de montagnes, et les cours d'eaux qui les arrosent.

Il est important qu'une connaissance exacte de ces diverses parties précède celle des départements qui, pour la plupart, leur doivent leurs noms.

Une Carte physique et politique, coloriée par bassins, et annexée à cette description de la France, en facilite l'enseignement et l'étude.

Des tableaux synoptiques en présentent de même, par territoires hydrographiques, la division en départements, avec une indication sommaire de la nature du sol et des principales productions.

La connaissance des *anciennes Provinces* n'étant pas moins nécessaire, une leçon est consacrée à cette division.

Chaque capitale est accompagnée d'un chiffre qui en indique l'ordre selon sa population; et chaque province est suivie des départements qui en sont formés.

J'ai consacré les dernières leçons à l'*Asie*, à l'*Afrique*, à l'*Amérique*, et à l'*Océanie*, mais en n'y exposant que les notions générales dont on trouve le développement dans le SECOND COURS.

Ce PREMIER COURS se termine par deux tables, dont l'une, *analytique*, peut être également utile au professeur pour faire une leçon morale, et à l'élève qui doit en rendre compte de vive voix ou par écrit.

Elle présente d'ailleurs la matière d'un *questionnaire* complet; et dont le maitre peut tirer un grand avantage.

La seconde table est *alphabétique*.

Chaque nom géographique y est précédé d'un chiffre qui désigne à quelle partie du Monde il appartient, et suivi de sa prononciation quand elle présente quelque difficulté.

Le brillant succès qu'a obtenu la première édition ne m'a point ébloui; je l'ai considérablement améliorée, en profitant de ma propre expérience et de quelques observations que m'ont adressées des personnes éclairées et amies de l'enfance.

LEÇONS GRADUÉES

DE

GÉOGRAPHIE.

COURS ÉLÉMENTAIRE.

PREMIÈRE PARTIE.

NOTIONS PRÉLIMINAIRES.

Les parties qui se trouvent entre ces deux signes [] peuvent être omises pour le premier degré d'enseignement. On ne doit pas d'ailleurs épuiser la matière du premier chapitre avant d'arriver aux suivants : on en donnera donc d'abord les notions essentielles, et plus tard on présentera graduellement les autres.

CHAPITRE I.

Cosmographie.

—

PREMIÈRE LEÇON.

Le Soleil, les Planètes et les Comètes.

1. Le *Soleil*, duquel nous recevons la lumière et la chaleur, est un immense globe qu'on croit généralement être de matière ignée, c'est-à-dire de feu.

Il est éloigné de la Terre d'environ 34 millions de lieues [1].

---

[1] On fera concevoir graduellement à l'enfant l'étendue de ce nombre.

2. C'est cette énorme distance qui nous le fait paraître si petit, car il est 13 cent mille fois plus gros que la Terre.

3. [**Pour donner** une idée de la grandeur et de la distance du Soleil, on a calculé que si un boulet de canon lancé de la Terre vers cet astre pouvait conserver toujours la même vitesse, il mettrait plus de six ans pour y parvenir [1] ; et que, en supposant la Terre de la grosseur d'un grain de blé, il en faudrait 69 litres pour former le volume du Soleil.]

4. Autour du Soleil circulent d'autres astres, nommés *Planètes*, presque sphériques ou ronds comme lui; mais qui, étant des corps opaques, ne brillent que par la lumière qu'ils en reçoivent. Ces planètes sont au nombre de *onze*.

Les courbes presque circulaires qu'elles parcourent sont appelées *orbites;* [ce sont des ovales, des *ellipses* peu alongées, au foyer commun desquelles se trouve le Soleil.]

5. [*Mercure*, la plus voisine du Soleil, se perd souvent dans les rayons de cet astre; vient ensuite *Vénus*, que l'on nomme vulgairement l'*Étoile du berger*, et qui se montre si brillante, tantôt le matin, tantôt le soir; puis la *Terre*, que nous habitons, et autour de laquelle tourne la Lune. Les suivantes sont : *Mars*, qui doit sans doute son nom à sa couleur rougeâtre; *Jupiter*, la plus grande des planètes, accompagné de quatre lunes ou satellites; *Saturne*, qui en a sept, et qui est environné d'un immense anneau lumineux; enfin *Uranus*, qui a six satellites et qui se trouve à une si grande distance du Soleil qu'il met plus de 80 ans à faire sa révolution.]

6. [Entre Mars et Jupiter circulent quatre petites planètes découvertes au commencement de ce siècle : ce sont: *Vesta, Junon, Cérès* et *Pallas.*

---

[1] Un boulet de 24 parcourt 420 toises par seconde.

On les nomme *planètes télescopiques*, à cause de leur petitesse.]

7. On aperçoit de temps en temps dans le Ciel des astres qui se meuvent dans toutes les directions autour du Soleil, et qui sont presque toujours accompagnés d'une nébulosité et d'une traînée de lumière en forme de queue, qui les a fait nommer *Comètes*, c'est-à-dire *astres chevelus*.

[Les orbites des Comètes sont ordinairement des ellipses très-alongées. Ces astres ne sont visibles que quand ils se trouvent dans le voisinage du Soleil.]

8. Le Soleil, les Planètes, accompagnées de leurs satellites, et les Comètes, forment ce qu'on appelle le *système solaire* ou *planétaire*.

DEUXIÈME LEÇON.

La Terre.

9. La *Terre*, la troisième des planètes, est presque sphérique; sa circonférence ou son contour est de neuf mille lieues, et son rayon de quinze cents lieues [1].

10. Les montagnes qui en dominent la surface n'en détruisent pas plus la sphéricité, que les aspérités d'une orange ou des grains de sable sur une boule n'empêchent ces corps d'être ronds.

11. Ainsi que les autres planètes, la Terre tourne autour du Soleil; et ce mouvement circulaire, qu'elle exécute en un an [2] est son *mouvement annuel* ou de *révolution*.

12. En un jour [3], elle en fait un autre sur elle-même,

---

[1] Le *rayon* est une ligne droite tirée du centre d'un cercle à un des points de la circonférence; c'est la moitié du *diamètre*.

[2] 365 jours, 5 heures, 48 minutes, 51 secondes.

[3] 23 heures, 56 minutes et 4 secondes.

analogue à celui d'un toton ou d'une roue sur son essieu : c'est son *mouvement diurne* [1] ou de *rotation*.

13. Les deux points du Globe sur lesquels ce mouvement s'exécute s'appellent les *pôles*. La ligne qui les joint se nomme l'*axe* de la Terre. Enfin on appelle *équateur* le cercle perpendiculaire à cet axe qui, à égale distance des deux pôles, partage la Terre en deux *hémisphères* égaux [2].

[La Terre est légèrement aplatie vers les pôles; c'est-à-dire qu'elle y est moins convexe : l'aplatissement de chaque pôle est d'environ quatre lieues et demie.]

14. Les deux mouvements de la Terre, celui de révolution et celui de rotation, dont le premier contribue à l'alternative des saisons, et le second produit le jour et la nuit, sont insensibles pour nous, parce qu'ils sont doux, réguliers, sans obstacle, et que l'homme n'est qu'un point relativement à l'étendue de la Terre.

15. Dans son mouvement diurne, la Terre présentant successivement au Soleil chacun des points de sa surface, cet astre nous paraît se mouvoir en sens opposé : c'est donc la rotation de cette planète qui produit le mouvement diurne apparent du Soleil.

Une illusion semblable a lieu lorsqu'en pirouettant, on voit tout tourner autour de soi.

16. [Les corps sont retenus à la surface de la Terre par une force qui existe en elle, et qui tend toujours à les attirer vers son centre. Un corps élevé à une certaine hauteur et abandonné ensuite, tombe en vertu de la *pesanteur*, qui est précisément cette force d'*attraction* par laquelle il est ramené à la surface de la Terre.

On a reconnu que cette puissance attractive est commune à tous les astres, qui s'attirent en raison de leurs masses et de leurs distances, c'est-à-dire que les plus gros

---

[1] Des mots latins *diurnus*, de jour, journalier, et *rota*, roue.

[2] *Hémisphère*, demi-sphère.

attirent les plus petits, et avec d'autant plus de force
qu'ils en sont plus rapprochés.]

17. [Les Planètes ne tombent pas sur le Soleil, parce
qu'elles sont douées d'une force de *projection*[1] qui tend à
les faire mouvoir en ligne droite. L'attraction du Soleil
se réduit à courber sans cesse leur mouvement, et à les
retenir dans des orbites elliptiques (4).

C'est donc par la combinaison des forces d'attraction
et de projection qu'une planète, la Terre par exemple,
se soutient dans l'espace.

La force d'attraction est aussi nommée force *centripète*,
et celle de projection force *centrifuge*[2].]

TROISIÉME LEÇON.

La Lune.

18. La Lune, près de cinquante fois plus petite que la
Terre, l'accompagne dans sa révolution, en tournant autour d'elle en vingt-neuf jours et demi environ[3].

19. Elle en est éloignée de près de 86 mille lieues;
(la lieue étant de 2,280 toises.)

20. Comme les planètes, la Lune est un corps opaque
qui reçoit sa lumière du Soleil et la réfléchit vers nous.

21. Si la Lune était lumineuse par elle-même, nous la
verrions, comme le Soleil, toujours sous la même forme
ronde; or c'est ce qui n'arrive pas, puisqu'elle nous apparaît sous divers aspects.

---

[1] Mouvement en avant.

[2] *Centripète*, qui cherche le centre ; *centrifuge*, qui le fuit.

[3] Au bout de 27 jours 7 heures 43 minutes, elle revient au
même point du Ciel, ce qui constitue le *mois sidéral* ou *lunaire*; mais comme, durant ce mouvement, la Terre s'est avan-
cée dans l'espace, il faut environ deux jours à la Lune pour
l'atteindre et terminer son cours: c'est la totalité de cette révolution de la Lune qui constitue la *lunaison*, qui est alors
de 29 jours 1/2 ; tel est le *mois synodique* ou *civil*, parce qu'il
est seul employé dans les usages civils.

[En effet, dans son cours, elle nous présente d'abord un léger filet lumineux, en forme de demi-cercle dont la partie convexe est toujours tournée vers le Soleil ; puis, un croissant qui, augmentant insensiblement, nous fait voir la moitié de l'hémisphère éclairé de la Lune : c'est le *premier quartier*.

[Cette partie s'accroissant peu à peu, la Lune nous présente son disque, ou toute sa partie éclairée : c'est la *pleine Lune*.]

[Le disque lunaire décroît bientôt, et nous revoyons les formes précédentes, mais en sens inverse, la partie convexe étant toujours tournée vers le Soleil jusqu'à ce que toute la partie éclairée disparaisse ; c'est la *nouvelle Lune*. La Lune se trouvant alors entre la Terre et le Soleil, la partie obscure est tournée de notre côté ; c'est pourquoi nous ne la voyons plus.]

La plus grande distance de la Lune à la Terre s'appelle *apogée*; la plus petite, *périgée*.

22. Les divers aspects sous lesquels la Lune nous apparaît s'appellent *phases*.

23. Les ombres ou taches qu'on aperçoit à la surface de la Lune et qui varient selon la position du Soleil, prouvent qu'elle est couverte de hautes montagnes et conséquemment sillonnée de profondes cavités.

24. [Durant sa révolution mensuelle[1] la Lune n'exécute qu'un seul mouvement de rotation (12), ce qui fait que nous n'en voyons toujours que le même hémisphère[2].]

25. Quand la Lune, entre le Soleil et la Terre, se trouve dans une certaine position[3], elle intercepte la lu-

---

[1] D'un mois.

[2] C'est ainsi, dit M. Francœur, qu'un homme qui, le visage constamment dirigé vers un arbre, en ferait le tour entier, aurait fait aussi un tour sur lui-même, puisqu'il aurait vu toute la campagne qui l'environne.

[3] En *conjonction*, c'est-à-dire dans la ligue des centres du Soleil et de la Terre.

mière de cet astre, et alors il y a *éclipse de Soleil*. Cette
éclipse est *partielle* ou *totale* ; dans ce dernier cas, qui est
très-rare, la lumière disparaît presque entièrement.

26. Il y a, au contraire, *éclipse de Lune* quand la
Terre, se trouvant dans une position semblable entre le
Soleil et la Lune, projette sur celle-ci une ombre plus ou
moins étendue.

27. Cette ombre étant toujours circulaire, le corps
qui la projette doit être rond, et c'est en effet la forme de
la Terre.

QUATRIÈME LEÇON.

De la Sphère céleste et de ses rapports avec la Terre.

28. A une immense distance des planètes brillent les
étoiles qui, réunies en certains groupes, forment les
constellations auxquelles on a donné des noms d'animaux, d'instruments, de personnages fabuleux, tels que
la grande Ourse, *la petite Ourse*, *la Lyre*, *Hercule*, etc.

Ces étoiles paraissent fixes, du moins dans leurs posi-
tions respectives [1].

29. Les étoiles brillent d'une lumière qui leur est propre : ce sont d'innombrables soleils qui peuvent bien
être les foyers d'autant de systèmes planétaires (8).

[Elles sont à une si grande distance de nous que le
diamètre entier de l'orbite terrestre qui est d'environ
68 millions de lieues, ne paraîtrait, à cette distance, que
comme un point.]

[La lumière, qui ne met que 8 minutes 13 secondes à
nous venir du Soleil, ou de 34 millions de lieues, et qui
parcourt par conséquent 70 mille lieues par seconde,
emploie au moins trois ans à nous arriver des étoiles les
moins éloignées de nous.]

---

[1] Ainsi que le Soleil, elles paraissent soumises à une
attraction générale, mais très-insensible, qui les porte vers la
constellation d'Hercule.

30. L'œil nu ne découvre que deux à trois mille étoiles; mais le télescope nous en montre un bien plus grand nombre, et il y en a dont l'éloignement est si prodigieux qu'aucun instrument ne les peut faire apercevoir.

31. Le Soleil, les planètes, les comètes, les étoiles, tous ces astres dont l'œil ne distingue qu'une très-faible partie, constituent l'*Univers*, dont la description prend les noms d'*Astronomie* ou de *Cosmographie*[1].

[L'esprit ne peut concevoir l'étendue de l'Univers; aussi un de nos poètes modernes a-t-il dit avec raison :

Par delà l'infini, l'infini recommence.

L'immensité du Créateur est encore plus incompréhensible]

32. [En observant assez long-temps la voûte céleste pendant une belle nuit, on voit tourner autour de soi les constellations dont elle est parsemée. Ce mouvement, ainsi que celui du Soleil, n'est qu'une illusion produite par la rotation de la Terre.] (12)

33. [Les deux points qui servent comme de *pivots* à ce mouvement apparent de la sphère céleste, sont appelés les *pôles du Monde* ou les *pôles célestes*.]

34. [On a imaginé une ligne circulaire qui, à égale distance des pôles du Monde, partage la sphère céleste en deux parties égales; c'est l'*équateur céleste*.]

35. Parmi les étoiles qui composent les constellations, on en remarque une presque immobile, autour de laquelle les autres paraissent décrire des cercles d'autant plus grands qu'elles en sont plus éloignées. Cette étoile, considérée comme l'un des pôles célestes, a reçu le nom d'*étoile polaire*.

36. Le pôle céleste qui avoisine cette étoile se nomme *pôle arctique*[2] ou *septentrional*, et le pôle opposé, *antarctique* ou *méridional*.

37. Concevons une ligne d'un pôle céleste à l'autre,

---

[1] Description du Monde.

[2] D'un mot grec qui signifie *ourse*.

nous verrons la sphère céleste se mouvoir autour de cette ligne imaginaire, comme une roue sur son essieu.

Cette ligne, que l'on appelle l'*axe du Monde*, coïncide avec l'axe de la Terre (13) prolongé jusqu'à la sphère étoilée. L'équateur céleste correspond aussi à l'équateur terrestre (13).

38. L'orbite que le Soleil semble parcourir, et que suit réellement la Terre dans sa révolution, prend le nom d'*écliptique*; et ce cercle imaginaire, oblique à l'équateur céleste, traverse par le milieu ce qu'on appelle le *zodiaque*, bande circulaire composée de 12 signes ou constellations, qui sont :

Le *Bélier*, le *Taureau*, les *Gémeaux*, le *Cancer* ou *Écrevisse*, le *Lion*, la *Vierge*, qui sont les signes septentrionaux; la *Balance*, le *Scorpion*, le *Sagittaire*, le *Capricorne*, le *Verseau* et les *Poissons*, qui sont les signes méridionaux.

Dans son cours apparent le Soleil passe sous chacun de ces signes, qui correspondent aux douze mois de l'année.

CINQUIÈME LEÇON.

De l'Horizon, des Points cardinaux, et du Méridien.

39. En rase campagne, notre vue est bornée par un grand cercle où le Ciel et la Terre paraissent se confondre, et qu'on appelle *horizon visuel*.

40. [L'observateur occupe le centre de cet horizon, et le point du Ciel qui est directement au dessus de sa tête est son *zénith*. Le point diamétralement opposé est le *nadir*.]

41. L'horizon visuel, variant à chaque pas que 'nous fesons, est une preuve de la convexité de la Terre; et comme cet effet se produit sur tous les points de sa surface, on doit en conclure qu'elle est ronde (9).

42. Le point de l'horizon où se lève le Soleil, est *le Levant* ou *l'Orient*; le point opposé, où il disparaît, est le *Couchant* ou *l'Occident*. On dit aussi *l'Est* pour *l'Orient*,

l'Ouest pour *l'Occident*, le *Septentrion* pour *le Nord*, et *le Midi* pour *le Sud*.

43. Ces deux points, ainsi que *le Nord* et *le Sud*, servent à désigner la situation relative des lieux; ainsi l'on dit : relativement à *Paris*, *Sceaux* est au S., *Vincennes* à l'E., *Saint-Cloud* à l'O., et *Saint-Denis* au N.

44. Ce sont les *points cardinaux*, c'est-à-dire *principaux*; mais, pour plus de précision, on en a déterminé quatre autres *intermédiaires* ou *collatéraux* :

Le N. E. et le N. O., le S. E. et le S. O. Ainsi l'on dit : relativement à Paris, *Charenton* est au S. E., *Saint-Cloud* au S. O., *Pantin* au N. E., *Nanterre* au N. O.

45. Si, à midi précis, on se tourne vers le Soleil, on a le S. ou le midi en face, le N. par derrière, l'E. à gauche, et l'O. à droite. Cela s'appelle *s'orienter*.

46. Sur les cartes géographiques, le N. est en haut, le S. en bas, l'E. à droite, et l'O. à gauche.

47. [On appelle *méridien céleste* le cercle vertical qui passe par le zénith de l'observateur (40) et par les deux pôles du Monde (34); il partage la sphère céleste en deux hémisphères, l'un oriental, l'autre occidental.]

48. Le Soleil à son lever a un mouvement d'ascension jusqu'au méridien d'où il descend vers le couchant; là, disparaissant à nos yeux, il poursuit son cours, éclaire l'autre hémisphère, et revient à l'horizon pour commencer un nouveau jour.

49. Quand le Soleil est au méridien, au milieu de sa course apparente au dessus de l'horizon, il est midi. C'est de là que vient le nom de *méridien*.

50. Le méridien céleste trace sur la Terre un *méridien terrestre* qui passe par les pôles, et qui divise notre globe en deux hémisphères égaux, l'un *oriental*, l'autre *occidental*.

51. Le Soleil, dans son cours apparent, n'éclairant que successivement chaque point de la Terre, il est évident que la surface de cette planète n'est point plane. Sa sphéricité est d'ailleurs indiquée par l'ombre qu'elle pro-

jette sur la Lune (27), et par la variation continuelle de l'horizon visuel (39).

52. Le mouvement de la Terre sur elle-même s'exécute d'*Occident* en *Orient*, puisque le cours apparent du Soleil a lieu d'*Orient* en *Occident*.

La révolution de la Lune s'exécute de même d'Occident en Orient.

SIXIÈME LEÇON.

Divisions mathématiques du Globe. Degrés de longitude, méridiens, degrés de latitude. — Cercles polaires, tropiques, zones [1].

1° Des degrés et des méridiens.

53. Pour déterminer la position des divers points du Globe terrestre, on a d'abord divisé l'équateur en 360 parties appelées *degrés de longitude*, et, par chacun de ces degrés, dont l'étendue est de 25 lieues, on a supposé des lignes circulaires aboutissant toutes aux deux pôles : ce sont des *méridiens* (47, 50).

54. Puis on a opéré la même division sur un de ces méridiens, qu'on appelle alors *premier méridien*, et l'on a de même supposé par chacun de ces degrés, appelés *degrés de latitude*, des lignes circulaires parallèles à l'équateur [2].

Pour plus de précision, on a subdivisé chaque degré (25 l.) en 60 parties nommées *minutes*, et chaque minute en 60 *secondes*.

55. C'est donc au moyen de ces cercles (les méridiens et les parallèles) qu'on est parvenu à connaître la position exacte d'un lieu quelconque sur le Globe : sa longi-

---

[1] Il faut suivre cette leçon sur une mappe-monde, *voy. p.* 19.

[2] Des lignes sont parallèles quand, dans toute leur direction, elles se trouvent toujours à égale distance l'une de l'autre.

tude est sa distance au premier méridien; sa latitude,
sa distance à l'équateur. Ce lieu est situé au point d'inter-
section ou de rencontre de ces deux lignes circulaires.

Par abréviation un petit zéro (°) signifie *degré*; un petit trait oblique ('), *minute*, et deux de ces traits (''), *seconde*.

56. La longitude est *orientale* ou *occidentale*; la latitude *septentrionale* ou *méridionale*, selon les hémisphères où elles se trouvent.

Rome est à 41° 53' 54'' de latitude septentrionale, et
à 10° 8' de longitude orientale. (Méridien de Paris, qui
pour nous est le premier: il passe par l'Observatoire).

Paris est à 48° 50' 14'' de latitude septentrionale, et à
zéro de longitude.

2° *Des Cercles polaires, des Tropiques et des Zones.*

57. *L'équateur*, comme nous l'avons vu, divise le Globe
en deux hémisphères (50).

Parallèlement à ce cercle on en a supposé deux autres
à environ 23° 28' des pôles; ce sont les *cercles polaires*,
qui renferment la région la plus froide du Globe, et qu'on
appelle conséquemment *zone glaciale* [1].

Il y a deux zones glaciales : l'une *arctique* et l'autre
antarctique (36).

58. Entre les cercles polaires et l'équateur, on en a
tracé deux autres, appelés *tropiques*, celui du *Capricorne* dans l'hémisphère méridional, et celui du *Cancer*
dans l'hémisphère septentrional.

Chacun est à environ 23° 28' de l'équateur.

[*Tropique* vient d'un mot grec qui signifie *tourner, re-
tourner*, parce que les rayons du Soleil, qui dardent principalement sur la région terrestre comprise entre ces
deux cercles, ne les dépassent point, et que le Soleil,
arrivé à l'un d'eux, paraît *rétrograder* vers l'autre.]

L'espace compris entre les deux tropiques est donc la

---

[1] *Zone*, d'un mot grec qui signifie *ceinture, bande*.

partie de la Terre la plus exposée aux rayons solaires; aussi l'appelle-t-on *zone torride*, c'est-à-dire brûlante. Elle a 46° 56' d'étendue.

59. Il s'ensuit qu'entre chaque tropique et chaque cercle polaire, le climat est généralement tempéré; ces régions forment les *zones tempérées*, dont chacune a 43° 4' d'étendue.

La *France* est dans la *zone tempérée septentrionale*.

SEPTIÈME LEÇON.

Des Saisons.

(Voy. la planche de la page 19.)

60. La différence des saisons est due, comme nous l'avons vu (14), au mouvement annuel de la Terre; mais cette révolution seule ne pourrait la produire si l'axe terrestre n'était incliné, et c'est en effet ce qui arrive.

Son inclinaison sur l'écliptique (38) est d'environ 23° 28'.

C'est à cette inclinaison, qui diminue insensiblement de siècle en siècle, qu'on doit aussi l'inégalité des jours et des nuits.

61. Par l'effet de cette inclinaison, au premier jour d'été (vers le 23 juin), la Terre se présente au Soleil de manière que le rayon solaire trace le tropique du Cancer (58); que le pôle nord est entièrement éclairé, tandis que le pôle sud est plongé dans une obscurité qui dure plusieurs mois.

Pour nous, les jours sont alors de seize heures, et les nuits de huit. C'est à cette époque, appelée *solstice* [1] *d'été*, que la Terre est dans son plus grand éloignement du Soleil, ou dans son *aphélie*.

62. La Terre poursuivant son cours, le rayon solaire qui a rétrogradé, trace, au bout de trois mois, l'équa-

---

[1] C'est-à-dire *station du Soleil*.

teur, et les jours sont égaux aux nuits : c'est *l'équinoxe d'automne* (vers le 22 septembre).

63. Trois mois après, le rayon solaire trace le tropique du Capricorne, et alors se reproduisent, en sens inverse, les phénomènes que nous avons observés au premier jour d'été.

C'est à cette époque, appelée *solstice d'hiver* (21 septembre,) que la Terre est le plus près du Soleil, ou dans son *périhélie*.

64. Le rayon solaire, se dirigeant ensuite vers l'autre tropique, trace de nouveau l'équateur, au bout de trois mois, et l'on a l'*équinoxe du printemps* (vers le 21 mars), qui présente les mêmes effets que celui d'automne.

CHAPITRE II.

De l'Atmosphère et des principaux phénomènes atmosphériques.

—

HUITIÈME LEÇON.

65. Jusqu'à une hauteur qu'on suppose être de 15 à 18 lieues, la Terre est entourée d'une masse de vapeur aérienne, appelée *atmosphère*.

66. L'atmosphère se compose de l'*air*, fluide indispensable à la vie, et auquel se trouvent mêlées diverses émanations de la Terre.

67. [L'air pur a pour éléments deux gaz, l'*oxigène* et l'*azote*, fluides aériformes dont la combinaison est sagement calculée sur nos besoins : seul, le premier consumerait rapidement notre vie; et, sans lui, le second nous suffoquerait.]

68. [L'atmosphère présente plusieurs couches qui

diminuent de densité, c'est-à-dire qui deviennent plus légères à mesure qu'elles s'éloignent de la Terre : dans les dernières on respire à peine, le froid est très-vif; au delà de celles-ci s'étend un vide immense, où circulent les planètes.

69. Certains effets de la lumière dans l'atmosphère y produisent l'*azur* du ciel, le *crépuscule*, l'*aurore*, l'*arc-en-ciel*, etc.

70. Selon que l'atmosphère est plus ou moins chargée de vapeurs aqueuses, qu'elle est plus ou moins soumise à certaines influences du Soleil, il s'y forme des *nuées*, des *nuages*, du *brouillard*, du *serein*, qui occasionent la *pluie*, la *brume*, le *verglas*, la *neige*, la *grêle*; de ces mêmes causes résultent les *vents*, le *tonnerre*, les *éclairs*, les *orages*, les *ouragans*, etc.

71. Tous ces effets produits dans l'atmosphère s'appellent *phénomènes atmosphériques* ou *météores*.

72. [La science qui traite de l'atmosphère et de ses phénomènes est la *météorologie*.]

CHAPITRE III.

Définition des principaux termes de Géographie.

NEUVIÈME LEÇON.

Termes relatifs aux terres.

73. Une grande élévation de terre forme une *montagne*. Quand elle est isolée, c'est un *mont*; si elle s'élève en cône ou en pointe, c'est un *pic* ou un *puy*.

74. Une longue suite de montagnes contiguës forment une *chaîne*, dont les *versants* ou pentes projettent gé-

néralement des *chaînes secondaires*, des *branches*, des *rameaux.*

75. Une montagne en pente douce prend le nom de *colline*, ou celui de *coteau* si elle est moins grande.

76. L'espace compris entre deux montagnes ou deux collines est une *vallée* ou un *vallon*, selon qu'il est plus ou moins étendu; s'il est plus resserré, on l'appelle *gorge*, *pas* ou *défilé.*

77. Certaines montagnes vomissent, par leur sommet, des matières embrasées : ce sont des *volcans*; d'autres, ayant leur sommet toujours couvert de neiges, présentent sur leurs flancs de grands amas de glaces : ces lits de frimas perpétuels sont des *glaciers.*

78. Une plaine beaucoup plus élevée que les terres qui l'avoisinent est un *plateau*; il y en a de très-étendus.

79. Un espace considérable de terre renfermant plusieurs pays est un *continent.*

80. Un espace de terre moins étendu qu'un continent et tout entouré d'eau, prend le nom d'*île.* Si l'eau ne l'entoure pas entièrement, c'est une *presqu'île* ou *péninsule*, qui alors est jointe à un continent ou à une île par une langue de terre, appelée *isthme.* Un groupe nombreux d'îles est un *archipel.*

81. Une partie de terre élevée qui s'avance en pointe dans la mer, est un *cap*, qu'on appelait autrefois *promontoire.* Un petit *cap* prend le nom de *pointe.*

82. Les extrémités des terres que baigne la mer, sont les *côtes* ou *rivages* : unies et peu élevées, elles portent le nom de *grèves*; formées de monticules sablonneux, celui de *dunes*; et, si elles sont escarpées, celui de *falaises.* Les côtes d'un pays en sont le *littoral.*

DIXIÈME LEÇON.

Termes relatifs aux eaux.

83. Les continents sont entourés d'une immense étendue d'eau salée qu'on appelle *Mer* ou *Océan.*

84. Une partie de l'Océan qui pénètre dans l'intérieur

des terres prend, selon son étendue, les noms de *mer intérieure* ou *méditerranée*, de *golfe*, de *baie*.

Un enfoncement moins considérable s'appelle *crique*, *anse*, *rade*, *havre* ou *port*.

85. Une partie de mer resserrée entre deux côtes opposées forme un *détroit*, auquel on donne aussi le nom de *canal*.

86. Du fond de la mer, qu'on pourrait comparer à un vaste pays inondé, s'élèvent de nombreuses montagnes dont les plateaux forment les îles. Des sommets de rochers y présentent des *écueils*, des *rescifs*, des *brisants*, si funestes aux vaisseaux, qui n'ont pas moins à redouter les *bas-fonds* et les *bancs de sable*, terrains sablonneux, que cache le *niveau* ou la surface de la mer.

87. Les eaux qui sillonnent la partie terrestre du Globe découlent de lieux élevés par des *sources* ou *fontaines* : ce sont d'abord des *ruisseaux* qui, grossis par d'autres petits courants d'eau, forment des *rivières ;* celles-ci se réunissent presque toujours en un seul courant, qu'on appelle *fleuve* et qui débouche dans la mer. Les courants d'eau qui se jettent dans un autre en sont les *affluents*.

88. L'endroit où un courant d'eau termine son cours en est l'*embouchure*, et le point où il opère sa jonction avec un autre s'appelle *confluent*.

89. Le *haut* d'une rivière est vers sa source; *le bas*, vers l'embouchure; son *lit* est le terrain compris entre ses *rives* ou *bords*.

La *rive droite* d'une rivière se trouve à la droite de celui qui en suit le cours.

90. Pour faciliter les communications entre de grands courants d'eau, et remédier aux obstacles que présente souvent leur navigation, on a creusé de nouveaux lits qui en reçoivent les eaux; ce sont ces rivières artificielles qu'on appelle *canaux*.

91. L'ensemble des pentes d'où découlent les ruisseaux et les rivières pour se jeter dans un fleuve, s'appelle le *bassin* de ce fleuve ou sa *région hydrographique*. Celui

d'une rivière est un *bassin secondaire*. On donne aussi le nom de *bassin* à l'espace où se trouve renfermée une vaste étendue de mer.

92. La surface du Globe offre un grand nombre de sources qui, passant à travers des substances minérales, telles que du *fer*, du *soufre*, etc., acquièrent des qualités propres à guérir certaines maladies : ce sont des *eaux minérales*.

93. Un grand amas d'eaux au milieu des terres, qui n'a d'issue que par une rivière ou par quelques canaux souterrains, prend le nom de *lac*. Des amas moins considérables sont des *lagunes*, des *étangs*, des *marais*, etc.

94. La description de toute la surface de la Terre, c'est-à-dire de ses mers et de leurs enfoncements dans les terres, de ses îles, de ses continents, des chaînes de montagnes qui les dominent, des courants d'eau qui les sillonnent, de leurs climats, de leurs productions, des contrées qu'ils renferment, des habitants et de leurs institutions, constitue une science nommée GÉOGRAPHIE.

95. Si cette science ne traite que de la configuration et de la constitution naturelle des diverses parties du Globe, on l'appelle *géographie physique*.

96. Si elle s'occupe des divisions établies par les hommes, de leurs mœurs, de leurs institutions, de leur industrie, etc., c'est la *géographie politique*.

97. Si elle traite seulement de la forme, de la grandeur, du mouvement de la Terre, de ses rapports avec les autres astres, c'est la *géographie astronomique* ou *mathématique*.

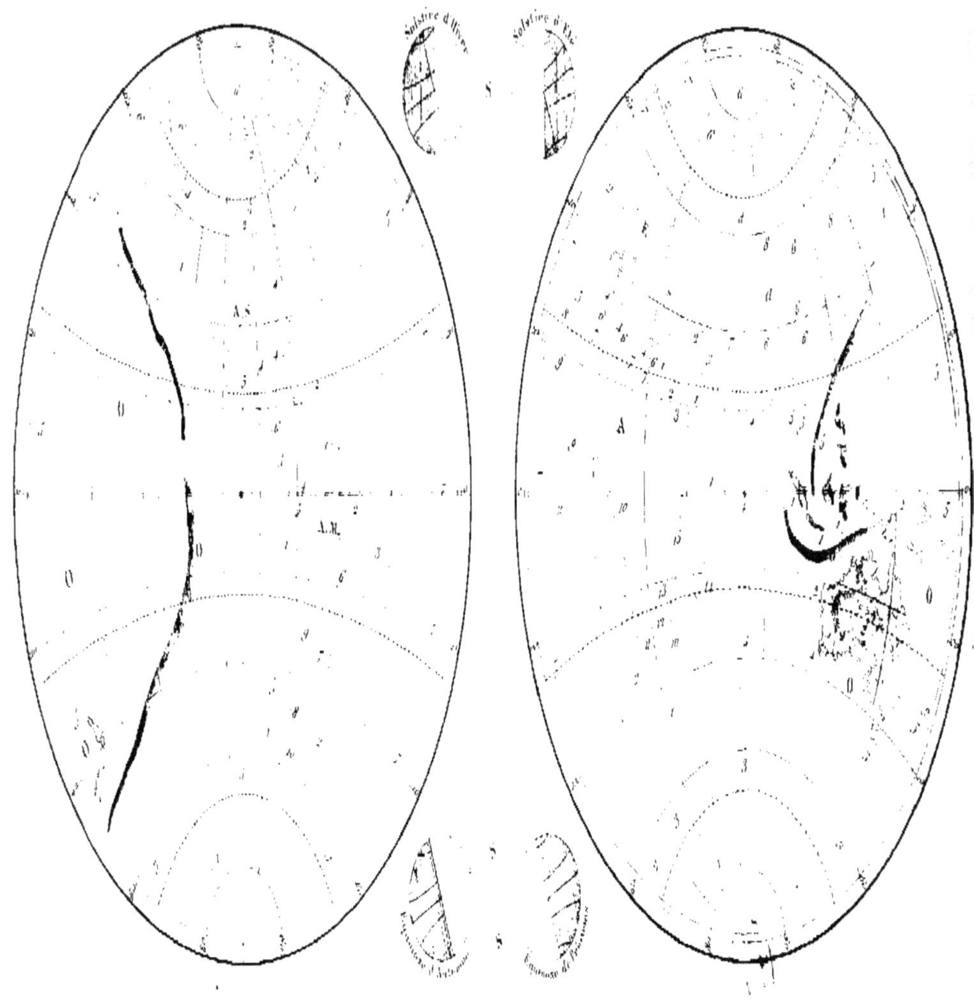

GRANDES DIVISIONS DES TERRES.

A. Afrique — *A*. Asie — E. Europe — A.S. Amérique Septentrionale — A.M. Amérique Méridionale — O. Océanie.

GRANDES DIVISIONS DES MERS.

1. Bassin oriental ——— 3 Océan Austral. 4 Océan Indien. 5 Océan oriental.
2. Bassin occidental ——— 6 Océan Boréal. 7 Océan Atlantique.

Subdivisions des Terres.

EUROPE. (*voyez la Carte*) — ASIE. 1 Arabie; 2 Turquie d'Asie; 3 Perse; 4 Hindoustan; 5 Indo Chine; 6 Chine; 7 Turkestan, 8 Sibérie.

AFRIQUE. 1 Egypte; 2 Nubie 3 Abyssinie; 4 Barbarie; 5 Maroc; 6 Sahara; 7 Soudan; 8 Sénégambie, 9 Guinée; 10 Congo; 11 Contrée du Cap, 12 Cafrerie propre, 13 Monometapa, 14 Madagascar, 15 Mozambique.

AMÉRIQUE SEPTENTRIONALE: 1 Groenland, 2 Nouvelle Bretagne, 3 Amérique Russe, 4 États Unis; 5 Mexique, 6 Guatemala.

AMÉRIQUE MÉRIDIONALE: 1 Colombie; 2 les Guyanes; 3 Brésil, 4 Pérou, 5 Haut Pérou ou Bolivia; 6 Paraguay; 7 Buénos Ayres; 8 Patagonie, 9 Chili, 10 Terre du Feu.

OCÉANIE: 1 Archipel de Sotaste ou Malaisie; 2 Australie propre ou Nouvelle Hollande; 3 Terre de Diémen, 4 Nouvelle Guinée; 5 Polynésie

Pour les Subdivisions des Eaux, voyez une Mappemonde plus étendue.

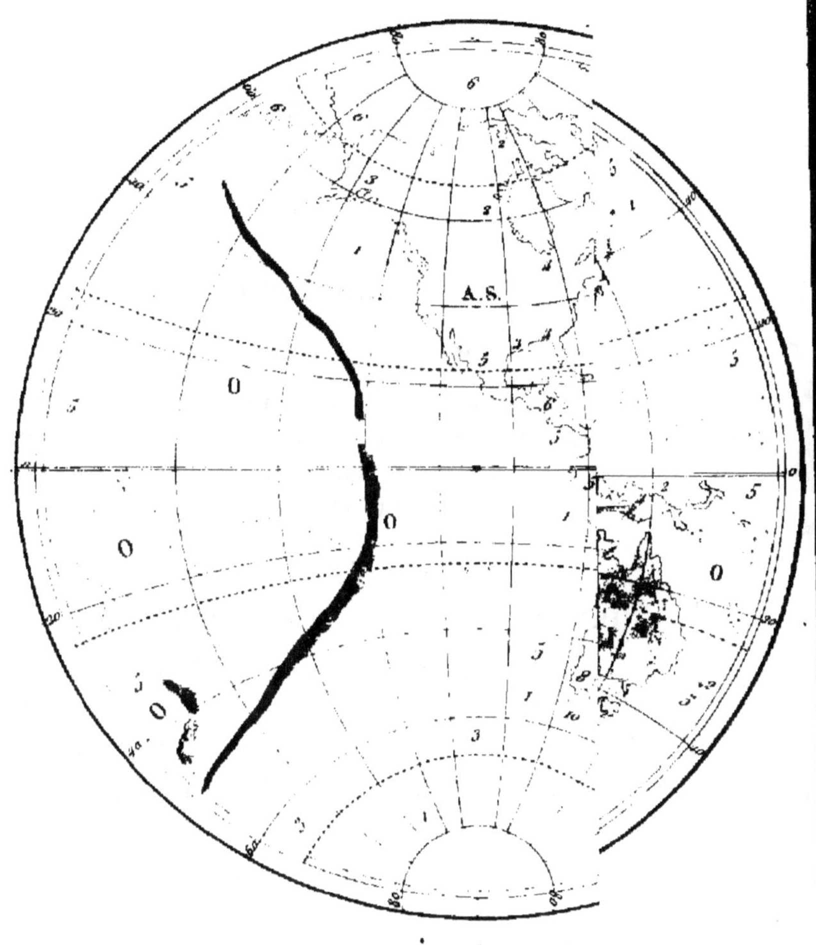

A. Afrique — *a*. Asie. — E. Europe — A. Sie.

1. Bassin oriental _______ *3 Océan Austral* . .
2. Bassin occidental _______ *6 Océan Boréal* . 7

EUROPE *(Voyez la Carte)* — ASIE: *1 Arabie; 2 Turquie*
AFRIQUE. *1 Égypte; 2 Nubie; 3 Abyssinie; 4 Barbarie; 5 M.* *car; 15 Mozambique.*
AMÉRIQUE SEPTENTRIONALE: *1 Groenland; 2 Nouvelle*
AMÉRIQUE MÉRIDIONALE: *1 Colombie; 2 les Guyanes; 3*
OCÉANIE: *Archipel de Notasie ou Malaisie; 2 Austra*
Pour les Subdivisions des Eaux, voyez un

CHAPITRE IV.

Divisions générales du Globe [1].

—

ONZIÈME LEÇON.

Grandes divisions des terres.

98. Le GLOBE TERRESTRE, composé de terre et d'eau, est représenté, ou sur une carte appelée MAPPE-MONDE, en deux parties ou *hémisphères*, l'un *oriental*, l'autre *occidental* (47), ou en un seul développement sur une carte qu'on appelle *planisphère*.

99. La partie terrestre présente TROIS MONDES :

l'ANCIEN MONDE OU l'ANCIEN CONTINENT,

dans l'*hémisphère oriental;* c'est le plus grand et le plus peuplé;

le NOUVEAU MONDE OU NOUVEAU CONTINENT,

dans l'*hémisphère occidental;* il n'a été découvert qu'en 1492, par *Christophe Colomb;*

le MONDE MARITIME OU OCÉANIE,

vaste archipel, qui s'étend dans les deux hémisphères.

100. Les grandes contrées de L'ANCIEN MONDE sont :

au s. , l'AFRIQUE,

immense presqu'île, dont la plus grande partie est exposée à la chaleur la plus intense;

—

[1] Il est important d'étudier ces divisions, ainsi que les suivantes, sur une carte géographique bien faite.

Nous recommanderons ici un petit atlas, qui se vend chez HOCQUART, rue Saint-Jacques, et qui ne coûte que 1 fr, 50 c.

au N.-E., l'ASIE,

> berceau du genre humain et siége des pre-
> miers empires;

au N.-O., l'EUROPE,

> la première des parties du Monde par sa civi-
> lisation, son industrie, son excellence dans les
> arts et dans les sciences.

101. Le NOUVEAU-MONDE comprend :

l'AMÉRIQUE,

> immense contrée qu'on divise en
>
> AMÉRIQUE SEPTENTRIONALE;
>
> et en
>
> AMÉRIQUE MÉRIDIONALE.
>
> ce sont deux vastes presqu'îles, que joint
> l'isthme de *Panama.*

102. Le MONDE MARITIME se compose de trois principaux archipels :

l'ARCHIPEL DE NOTASIE,

> le plus voisin de l'*Asie ;*

l'AUSTRALASIE OU AUSTRALIE,

> au S. du précédent, dont l'île principale est
> la *Nouvelle-Hollande,* la plus grande du Globe;
> plusieurs géographes la considèrent comme un
> continent;

la POLYNÉSIE,

> le plus vaste des archipels, qui, à l'E. des
> précédents, s'étend presque jusqu'à l'*Amérique;*

La plupart de ces nombreuses îles n'ont été découvertes que depuis deux siècles.

103. On reconnaît aujourd'hui cinq parties du
MONDE :

l'Asie, l'Europe, l'Afrique, l'Amérique
et l'Océanie.

[Elles sont ici énoncées selon l'ordre de leur population.]

Voici le tableau de leurs situations respectives.

NORD.

	EUROPE.
AMÉRIQUE.	ASIE.
	AFRIQUE.
	OCÉANIE.

OUEST. — EST.

SUD.

DOUZIÈME LEÇON.

Grandes divisions des eaux.

104. L'OCÉAN, qui occupe près des 3/4 de la surface du Globe, présente d'abord deux grands bassins :

le BASSIN ORIENTAL,

entre l'*Afrique*, l'*Asie* et l'*Amérique* ;

le BASSIN OCCIDENTAL,

entre l'*Afrique*, l'*Europe* et l'*Amérique*, ainsi
qu'au N. de ces deux dernières contrées.

105. Le BASSIN ORIENTAL

se divise en 3 parties :

l'OCÉAN AUSTRAL, au S. des trois mondes ;

l'OCÉAN INDIEN, entre l'*Afrique* et l'*Océanie* ;

l'OCÉAN ORIENTAL ou grand Océan, entre l'*Asie*, *l'archipel de Notasie*, *l'Australie et l'Amérique.*

106. Vu son étendue, L'OCÉAN ORIENTAL se subdivise
en trois parties :

l'Océan oriental septentrional ;

l'Océan oriental équatorial ou *équinoxial*, traversé par l'équateur (12);

l'Océan oriental méridional.

(Chacun des autres Océans se subdivise aussi selon l'hémisphère où il est principalement situé, c'est-à-dire en *oriental* et en *occidental*.)

107. Le BASSIN OCCIDENTAL comprend deux parties :

l'Océan boréal au N. des deux continents;

l'Océan atlantique, entre *l'Europe*, *l'Afrique* et *l'Amérique*.

108. [On donne communément à *l'Océan oriental* le nom de *mer pacifique*, au N. de l'équateur, et celui de *mer du sud*, au S.; à *l'Océan indien*, le nom de *mer des Indes*, et celui de *mer glaciale du nord* ou *arctique*, à *l'Océan boréal*; et de mer *glaciale du sud*, à *l'Océan austral.*]

DEUXIÈME PARTIE.

SUBDIVISIONS DU GLOBE.

CHAPITRE I.

Subdivisions des Eaux.

—

TREIZIÈME LEÇON.

109. Les Océans, dans l'intérieur des terres, forment des *mers* et des *golfes* qui, pour la plupart, doivent leurs noms aux parties qu'ils baignent.

110. L'Océan indien forme au N., de l'E. à l'O. :
le golfe du *Bengale*,
le golfe d'*Oman*, qui donne naissance :
au golfe *Persique*, par le détroit d'*Ormus* ;
au golfe *Arabique* ou mer *Rouge*, par le golfe d'*Aden* et le détroit de *Bab-el-Mandeb*.

111. L'Océan oriental forme :
1°. au N. .
la mer de *Béring*, entre l'*Asie* et l'*Amérique*, (au N. de laquelle est le détroit de même nom ;)
2°. sur la côte de l'Asie :
le golfe d'*Anadyr*,
la mer d'*Okhotsk*,
la mer du *Japon*, qui correspond à la précédente par :
la *Manche* de *Tartarie*,
la mer *Orientale* ou de *Corée*,
la mer de *Chine*, [qui communique à celle du *Japon* par le détroit de *Corée*, et qui forme le golfe de *Tonquin* ;]

le golfe de *Siam*, [qui communique avec l'O-*céan indien* par la mer des *Moluques*, à l'E. de laquelle se trouve le détroit de la *Sonde ;*]

2°. sur la côte de l'Amérique :

le golfe de *Californie*, ou mer *Vermeille*,

le golfe de *Panama*.

112. L'Océan boréal oriental forme :

1°. en *Asie :*

le golfe de l'*Obi*,

le golfe ou mer de *Kara*, [à l'O. duquel est le détroit de *Vaigatz* ou de *Kara ;*]

2°. en *Europe :*

la mer *Blanche.*

113. Le même Océan, dans sa partie occidentale, forme, en *Amérique :*

la mer *polaire du Nord*, toute couverte de glaces.

114. L'Océan atlantique septentrional forme :

1°. en *Europe :*

la mer du *Nord* ou *d'Allemagne*, aussi appelée *Golfe britannique*, qui donne naissance au *Zuider-zée ;*

la mer *Baltique*, qui se joint à la précédente par les détroits du *Skager-Rack*, du *Cattégat* et du *Sund*, et qui forme :

les golfes de *Bothnie*, au N.,

de *Finlande*, à l'E.,

de *Riga* ou de *Livonie*, à l'E.,

de *Dantzick*, au S.;

2°. en *Amérique*, du N. au S. :

la mer de *Baffin* par le détroit de *Davis*,

la mer d'*Hudson*,

le golfe *Saint-Laurent.*

115. L'Océan atlantique, dans a moyenne région, forme :

1°. en *Europe* :

 la mer d'*Irlande*, par le canal *Saint-Georges* ;
 la mer de la *Manche* qui, par le *Pas-de-Calais*,
  communique à la mer du *Nord* ;
 le golfe de *Gascogne* ou *baie de Biscaye* ;
 la *Méditerranée*, par le détroit de *Gibraltar*.
 Cette mer, qui sépare l'*Afrique* de l'*Europe*,
  donne naissance à des golfes et à des mers,
  parmi lesquels on remarque :
 les golfes de *Valence*,
   du *Lion*,
   de *Gênes*,
 la mer de *Sicile*,
   Adriatique ou golfe de *Venise*,
   Ionienne,
   de l'*Archipel*,
 la mer de *Marmara*, entre le détroit des *Dar-*
  danelles et le canal de *Constantinople*.
 la mer *Noire*,
 la mer d'*Azof*.

A l'E. de celle-ci est la mer *Caspienne*, [méditerranée ou plutôt vaste lac qui paraît n'avoir aucune communication avec les autres mers.]

 2°. En *Amérique* :
  la mer des *Antilles* ; ⎫
  le golfe du *Mexique* ; ⎬ dans l'*Amér. sept.*
  la baie de l'*Amazone*, dans l'*Amér. mérid.*

116. L'Océan atlantique méridional forme,
 en *Afrique* :
  Le golfe de *Guinée* ;
 en *Amérique* :
  celui de *Rio-de-la-Plata*.

CHAPITRE 11.

Subdivisions des Terres.

—

QUATORZIÈME LEÇON.

Europe méridionale.

117. L'EUROPE, la plus petite des parties du Monde, est bornée au N. par *l'Océan boréal oriental* ; à l'E. par *l'Asie* et la mer *Caspienne* ; au S. par la mer *Noire*, celles de *Marmara*, de *l'Archipel*, la mer *Ionienne* et la *Méditerranée* ; à l'O. par *l'Océan atlantique septentrional*.

Les principales divisions de l'Europe méridionale sont :

118. le PORTUGAL, pays montagneux et très-sain, dont la capitale est *Lisbonne*, sur le *Tage* ; ville principale, *Porto* ou *Oporto*.

119. l'ESPAGNE, hérissée de montagnes et arrosée par *l'Ebre*, qui débouche dans la *Méditerranée*, le *Douro*, le *Tage*, la *Guadiana* et le *Guadalquivir*, qui se jettent dans *l'Océan atlantique* ; *Madrid* en est la capitale, et, parmi les nombreuses villes de ce pays, on remarque, du S. au N., *Cadix*, *Grenade*, *Séville*, *Valence*, *Barcelone* etc.

[Ces deux royaumes forment la PÉNINSULE HISPANIQUE, c'est-à-dire presqu'île espagnole.]

120. L'ITALIE, baignée par la *Méditerranée* et la mer *Adriatique*, et arrosée au N. par le *Pô* et *l'Adige* ;

les monts *Apennins*, projetés par les *Alpes*, la traversent du N. au S.

Parmi ses divisions on remarque :

au N. 1° les *États Sardes*, capitale, *Turin*, dans le *Piémont* ; *Chambéry*, dans la *Savoie* ; et *Cagliari*, dans l'île de *Sardaigne*.

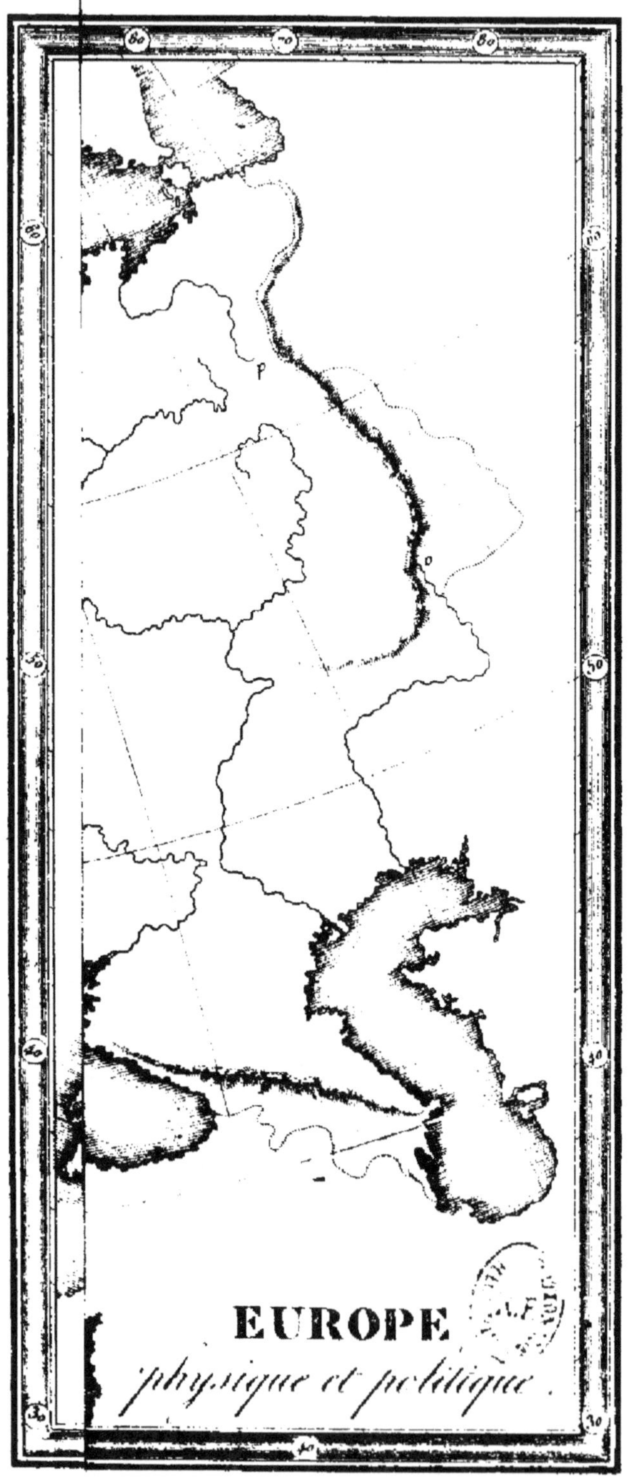
EUROPE
physique et politique.

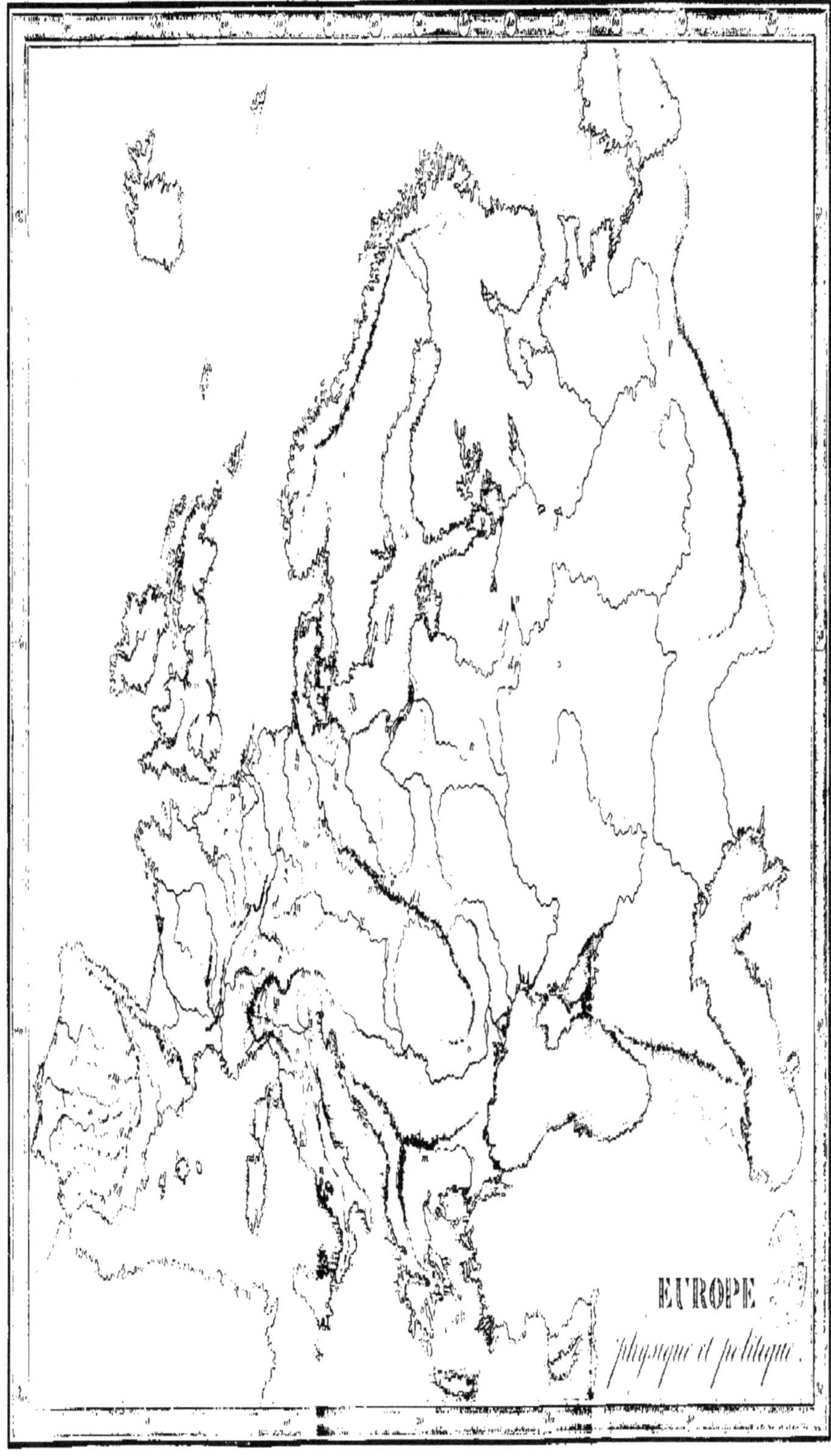
EUROPE
physique et politique

[*Gênes*, surnommée la Superbe, et *Alexandrie*, place très-forte, se distinguent parmi les autres villes de ce royaume.]

2° le royaume *Lombard-Vénitien*, à *l'Autriche*, capitales *Milan* et *Venise*; celle-ci est bâtie sur pilotis au milieu des lagunes de la mer *Adriatique*.

3° *Les États de l'Église* ou du *Pape*, capitale *Rome* superbe ville sur le *Tibre*; ville principale, *Bologne*.

Au S. est le royaume des *Deux-Siciles*; capitales : *Naples*, dans le royaume de même nom, non loin du *Vésuve*, volcan célèbre; et *Palerme*, dans l'île de *Sicile*, où l'on remarque le volcan de *l'Etna* et les villes de *Messine* et de *Syracuse*.

Au nombre des villes de *l'Italie* se distinguent *Florence*, capitale du *grand-duché de Toscane*, et *Parme*, capitale du duché de ce nom.

121. L'EMPIRE OTTOMAN, ou TURQUIE D'EUROPE, arrosé par le *Danube*, le second fleuve de *l'Europe*, qui débouche dans la mer *Noire*, et par le *Maritza*, qui se rend dans *l'Archipel*.

La capitale est *Constantinople*, sur le détroit de ce nom, entre la mer de *Marmara* et la mer *Noire*. [Les autres villes remarquables sont *Salonique*, *Gallipoli*, villes maritimes, *Andrinople*, *Belgrade*, et *Bukarest*.]

Le centre de la *Turquie* est dominé par les monts *Balkan*.

122. Au S. est le nouveau royaume de la GRÈCE, pays délicieux qui dependait de la *Turquie*, et dont les habitants ont conquis leur liberté. Ses principales villes sont : *Athènes*, qui en est la capitale, *Nauplie* ou *Napoli*, *Tripolitza*, et *Navarin* sur la côte occidentale de la *Morée*, presqu'île au S. de laquelle est le cap *Matapan*, le plus méridional de *l'Europe*.

[*L'Archipel* renferme un grand nombre d'îles, dont la plupart dépendent de la *Grèce*; on y remarque *Négrepont*, *Syra*, *Naxie*.]

A l'O. de la *Grèce* est la république des *îles Ioniennes*, au nombre de sept, sous la protection de *l'Angleterre*; *Corfou* en est la principale.

QUINZIÈME LEÇON.

Europe centrale.

Les principales divisions de l'Europe centrale sont :

123. La FRANCE, séparée de *l'Espagne* par les *Pyrénées*, et arrosée par cinq principaux fleuves : le *Rhin* et le *Rhône* à l'E., la *Seine*, la *Loire* et la *Garonne*, qui coulent vers l'O. Ces fleuves avec leurs nombreux affluents divisent naturellement la *France* en cinq bassins : celui du *Rhin*, dont les villes principales sont, *Strasbourg*, *Nancy*, *Metz*; celui de la *Seine*, où l'on remarque *Paris*, capitale de toute la France, *Troyes*, *Rouen*, etc. Parmi les villes du bassin de la *Loire* sont, *Orléans*, *Tours*, *Nantes*; dans celui de la *Garonne*, *Toulouse*, *Bordeaux*, *Périgueux*; enfin celui du *Rhône* renferme *Mâcon*, *Lyon*, *Nîmes*, *Marseille*, etc.

De plus petits fleuves forment des bassins secondaires, où l'on remarque : *Lille*, dans celui de *l'Escaut*, au N.; *Amiens*, dans celui de la *Somme*, au N. O.; *Caen*, dans celui de *l'Orne*, à l'O.; *Pau*, dans celui de *l'Adour*, au S. O., etc.

Les plus hautes chaînes de montagnes sont : les *Pyrénées*, au S. O.; les *Cévennes*, au S.; les monts de *l'Auvergne*, au S. et au centre; à l'E. les *Alpes*, le *Jura* et les *Vosges*. Divisée autrefois (avant 1790) en 32 provinces, la *France* l'est aujourd'hui en 86 départements, 85 sur le continent et un dans la *Méditerranée :* c'est l'île de *Corse*, patrie de Napoléon.

L'administration de chaque département est confiée à un préfet, qui réside dans une ville principale appelée chef-lieu de *préfecture*. Le département est divisé en *sous-préfectures*, et subdivisé en *cantons* et en *communes*.

Au N. de l'Italie, se trouve :

124. La SUISSE, pays très-montagneux et célèbre par ses sites pittoresques. Elle est divisée en 22 cantons, dont chacun forme une république particulière, quoiqu'ils fassent tous partie d'une confédération. Ses villes prin-

cipales sont *Genève*, sur le lac de même nom, *Fribourg*, *Bâle*, *Berne*, *Zurich*, *Soleure*, *Lucerne*.

Revenant vers la *France*, nous trouvons au N. E. :

125. Le royaume de BELGIQUE, capitale *Bruxelles*, et celui de HOLLANDE, capitale *La Haye*. Ces deux royaumes, généralement désignés sous le nom de PAYS-BAS, sont arrosés par *l'Escaut*, la *Meuse*, qui se jettent dans la mer du *Nord*, et le *Rhin*, qui se perd dans le *Zuiderzée*.

Les principales villes de la *Belgique* sont *Gand*, *Anvers*, *Luxembourg*, et celles de la *Hollande* : *Amsterdam*, *Rotterdam*, *Leyde*.

A l'E. des *Pays-Bas*, et au N. de la *Suisse*, s'étend :

126. l'ALLEMAGNE PROPRE ou INTÉRIEURE, désignée aussi sous le nom de CONFÉDÉRATION GERMANIQUE. Elle est séparée de la *France* par le *Rhin*, et divisée en royaumes, en duchés, en principautés, etc. (38 États.). Les principaux fleuves auxquels ses montagnes donnent naissance sont l'*Elbe*, le *Danube*, le *Weser*.

Les royaumes sont, du N. au S. :

le HANOVRE, à l'Angleterre, cap. *Hanovre*;

la SAXE, cap. *Dresde*, sur l'*Elbe* ;

le WURTEMBERG, cap. *Stuttgard*, sur le *Necker*;

la BAVIÈRE, cap. *Munich*.

La ville libre de *Francfort-sur-le-Mein*, étant le siége de la diète germanique [1], est considérée comme la capitale de toute l'*Allemagne*.

127. Au N. de l'*Allemagne* est le royaume de PRUSSE, baigné au N. par la mer *Baltique*, qui y forme le golfe de *Dantzick*, et arrosé par le *Niémen*, la *Vistule*, l'*Oder*, l'*Elbe* et le *Weser*. *Berlin* en est la capitale, et ses villes principales sont *Kœnigsberg*, *Dantzick*, *Breslau*, etc.

[1] Réunion des États de l'Allemagne, pour traiter des affaires politiques.

128. Au S. de la *Prusse*, s'étend vers l'E. l'empire d'AUTRICHE, une des plus belles contrées de l'*Europe*, et dont la cap. est *Vienne*, sur le *Danube*. Parmi ses divisions on remarque les royaumes de *Hongrie*, cap. *Bude*; de *Bohème*, cap. *Prague*; d'*Illyrie*, à l'E. de l'*Italie*, cap. *Laybach*; et le *Lombard-Vénitien*, cap. *Milan* et *Venise*.

Les monts *Krapacks* ou *Carpathes*, riches en mines, y projettent des chaînes considérables, d'où sortent la plupart des fleuves de l'*Allemagne*.

SEIZIÈME LEÇON.

Europe septentrionale.

129. Au N. de l'*Allemagne*, entre la mer *Baltique* et celle du *Nord*, s'étend une presqu'île qui, avec les îles voisines, forme le royaume de DANEMARK, pays plat et généralement froid et humide, dont la cap. est *Copenhague*, dans l'île de *Seeland*. Dans la partie continentale on remarque *Altona*, ville commerçante, sur l'*Elbe*.

130. Au nord de l'*Autriche* est le vaste empire de RUSSIE, pays généralement plat, froid, marécageux, et peu habité en raison de son étendue.

Il est séparé de l'*Asie*, au N. de laquelle s'étend sa domination, par la chaîne des monts *Ourals*, et un fleuve de même nom.

Les principaux fleuves qui l'arrosent sont : le *Volga*, le plus grand de l'*Europe*, il se jette dans la mer *Caspienne*; le *Don*, qui débouche dans la mer d'*Azof*; le *Dniéper* et le *Dniester*, dans la mer *Noire*; la *Vistule*, le *Niémen* et la *Duna*, dans la *Baltique*; la *Néva*, le plus petit, dans le golfe de *Finlande*; et enfin la *Dwina* et la *Petchora*, dans la mer *Blanche* et l'*Océan Boréal*.

Les monts *Olonetz*, branche de l'*Oural*, séparent le bassin du *Volga* de ceux des fleuves septentrionaux. Une autre chaîne, au S. E., le mont *Caucase*, règne entre la mer *Noire* et la *Caspienne*.

Saint-Pétersbourg, très-belle ville, sur la *Néva*, cap. de toute la *Russie*, n'était, il y a 132 ans, qu'un amas de cabanes de pêcheurs [1]. Parmi les autres villes, on remarque : *Moscou*, l'ancienne capitale, *Novgorod*, *Tver*, *Smolensk*, *Astrakan*, etc.

Au N. de *Saint-Pétersbourg* est le lac *Ladoga*, le plus grand de la Russie, et au S. de cette contrée est la presqu'île de *Crimée* qui, ainsi qu'une grande partie de la *Russie méridionale*, abonde en céréales.

Au S. O. de la *Russie*, on remarque : 1° le royaume de *Pologne* qui en dépend, et dont *Varsovie*, sur la *Vistule*, est la capitale ; 2° la petite république de *Cracovie*, dont la cap. porte le même nom.

Au N. O. est la *Laponie russe*, pays très-froid et marécageux, baigné par la mer *Blanche* et l'*Océan Boréal*.

131. A l'O. s'étend, du N. au S., une vaste presqu'île entre la *Baltique*, l'*Océan Atlantique* et la mer du *Nord*: c'est le royaume de SUÈDE et de NORVÈGE, l'ancienne *Scandinavie*, et dont les capitales sont, *Stockholm* pour la *Suède*, et *Christiania* pour la *Norvège*.

Upsal est une des villes remarquables de la *Suède*, dont le plus grand lac est le *Wener*, et le fleuve principal, le *Tornéa*, au N.

La *Norvège* et la *Suède* sont naturellement séparées par la longue et haute chaîne des *Dofrines* ou *Alpes scandinaves*.

132. A l'O. de la *Norvège* et du *Danemark*, et au N. de la *France*, sont les ILES-BRITANNIQUES, baignées par la mer du *Nord*, l'*Océan Atlantique* et la mer de la *Manche*.

Elles se composent principalement de la *Grande-Bretagne* à l'E. et de l'*Irlande* à l'O.

La *Grande-Bretagne* renferme au S. l'*Angleterre*, cap. *Londres*, sur la *Tamise*; et au N. l'*Écosse*, cap. *Edim-*

______

[1] Elle fut fondée en 1703, par *Pierre-le-Grand*.

bourg, sur le golfe de *Forth*. *Dublin* est la cap. de l'*Ir-lande*, où l'on remarque aussi *Cork*, v. maritime. *Glas-cow*, en *Écosse*, et *Liverpool*, *Manchester*, *Oxford*, en *Angleterre*, sont des villes remarquables, les deux pre-mières par leur commerce, et la dernière par son uni-versité.

L'*Écosse* se distingue par ses lacs, ses montagnes; les monts *Cheviot* en dominent la partie méridionale.

Au N. O. est l'*Islande*, île hérissée de montagnes toujours couvertes de frimas; elle appartient au *Dane-mark*. On y remarque l'*Hékla* et le *Geiser*, volcans dont le dernier lance des jets d'eau bouillante.

DIX-SEPTIÈME LEÇON.

France physique.

Chaînes de montagnes.

133. De toutes les contrées de l'Europe, la FRANCE est la plus avantageusement située. Sa longueur, du N. au S., est de 218 lieues, et sa plus grande largeur est de 210 lieues. Sa population s'élève environ à 32 millions d'habitants.

134. Plusieurs chaînes de montagnes, d'où sortent les nombreuses rivières qui l'arrosent, en circonscrivent les bassins principaux.

135. Au S. s'élèvent les *Pyrénées*, qui la séparent de l'Espagne.

136. A l'E. de cette chaîne, du S. au N., s'étendent les *Cévennes*, dont la *Lozère* est un des principaux som-mets, et qui, vers l'O., projettent une branche désignée sous le nom de *montagnes d'Auvergne*, où l'on remarque le *Cantal*, le *Mont-d'Or* [1] et le *Puy-de-Dôme*. De ce dernier mont s'étendent vers l'O. les *montagnes du Li-*

---

[1] Ou *Dor*, selon plusieurs géographes

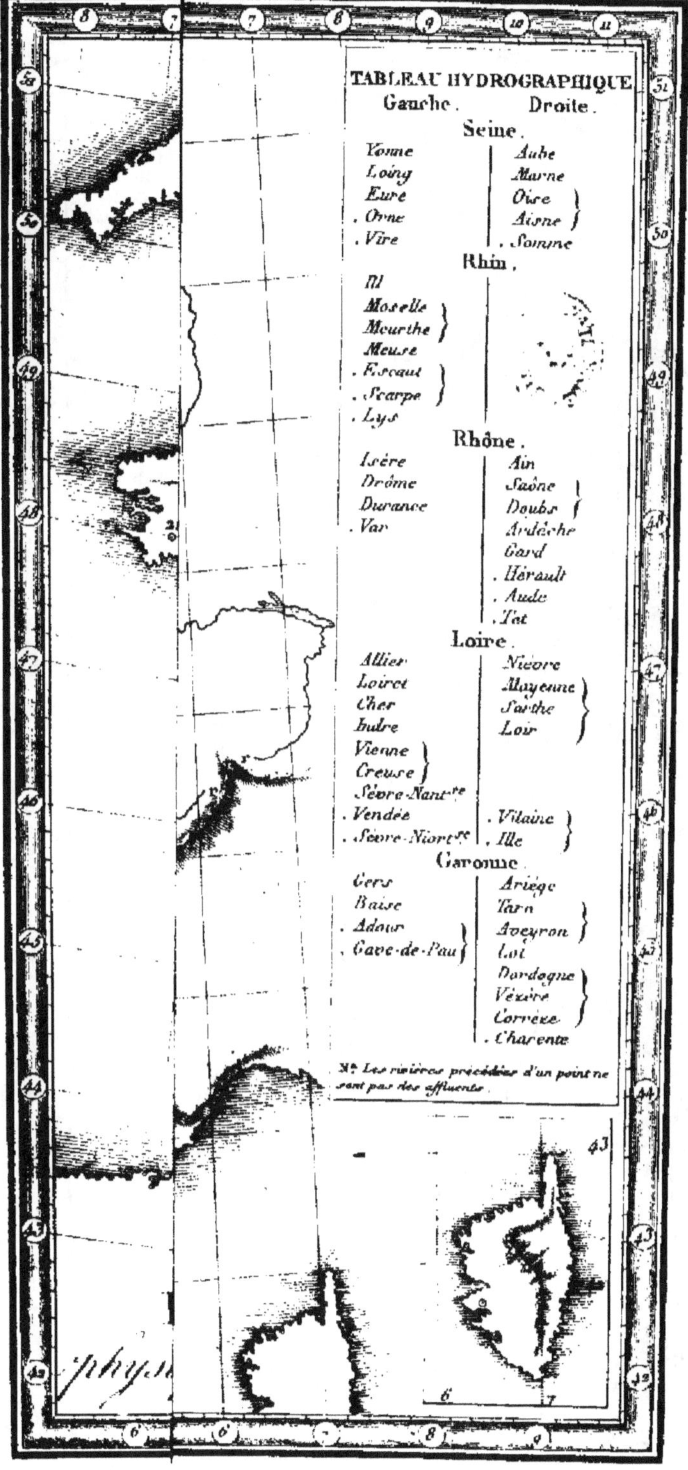

TABLEAU HYDROGRAPHIQUE
Gauche. Droite.
Seine.
Yonne Aube
Loing Marne
Eure Oise
. Orne Aisne
. Vire . Somme
Rhin.
Ill
Moselle
Meurthe
Meuse
. Escaut
. Scarpe
. Lys
Rhône.
Isère Ain
Drôme Saône
Durance Doubs
. Var Ardèche
Gard
. Hérault
. Aude
. Tet
Loire.
Allier Nièvre
Loiret Mayenne
Cher Sarthe
Indre Loir
Vienne
Creuse
Sèvre-Nant.se
. Vendée . Vilaine
. Sèvre-Niort.se . Ille
Garonne.
Gers Ariège
Baise Tarn
. Adour Aveyron
. Gave-de-Pau Lot
Dordogne
Vézère
Corrèze
. Charente
N.b Les rivières précédées d'un point ne
sont pas des affluents.
43

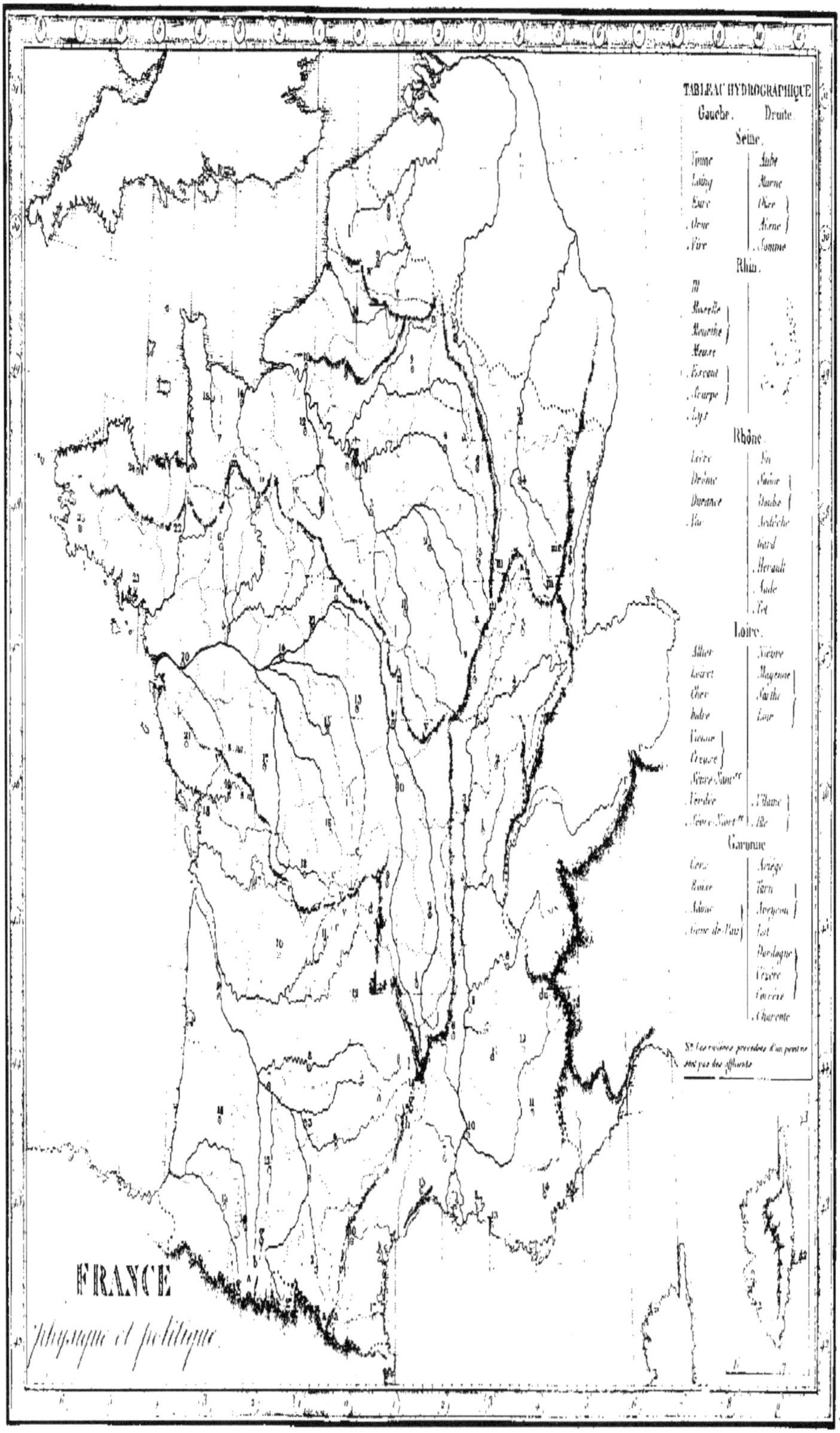
TABLEAU HYDROGRAPHIQUE
Gauche. Droite.
Seine.
Yonne
Loing
Eure
Orne
Vire
Aube
Marne
Oise
Aisne
Somme
Rhin.
Ill
Moselle
Meurthe
Meuse
Escaut
Scarpe
Lys
Rhône.
Loire
Drôme
Durance
Var
Ain
Saône
Doubs
Ardèche
Gard
Hérault
Aude
Tet
Loire.
Allier
Loiret
Cher
Indre
Vienne
Creuse
Sèvre-Nantaise
Vendée
Sèvre-Niortaise
Nièvre
Mayenne
Sarthe
Loir
Vilaine
Ille
Garonne
Gers
Baïse
Adour
Gave de Pau
Ariège
Tarn
Aveyron
Lot
Dordogne
Vézère
Corrèze
Charente
FRANCE
physique et politique

mousin. C'est entre ces diverses chaînes que se trouve le *bassin de la Garonne*.

137. Au N. des *Cévennes* s'élèvent les riches collines de la *Côte d'Or*, qui projettent vers l'O. un rameau considérable connu sous le nom de montagnes du *Morvant*.

D'autres collines suivent, sous divers noms, la même direction vers l'O., et avec les monts de l'*Auvergne*, du *Limousin*, les *Cévennes*, la *Côte-d'Or*, et le *Morvant*, circonscrivent le *bassin de la Loire*.

138. Au N.-E. de la France domine la chaîne des *Vosges*, dont la branche principale est celle des *Ardennes*, couverte de forêts, et qui court de l'E. à l'O.

C'est entre ces montagnes et celles de la *Côte-d'Or* et du *Morvant* qu'est le *bassin de la Seine*.

139. A l'E., entre la *Suisse* et la *France*, est la chaîne du *Jura*, qui paraît être une branche de celle des *Alpes*, la plus élevée de l'*Europe*. Ces deux chaînes, avec les *Vosges*, la *Côte-d'Or* et les *Cévennes*, circonscrivent le long *bassin du Rhône*.

140. Le *bassin du Rhin*, que se partagent l'*Allemagne* et la *France*, a pour limite occidentale les *Vosges* et les *Ardennes*.

DIX-HUITIÈME LEÇON.

France physique.

Fleuves et rivières. — Partie centrale et occidentale [1].

BASSIN DE LA GARONNE.

141. La GARONNE prend sa source au *Val d'Aran*, dans les Pyrénées; et, après avoir reçu la *Dordogne* au *bec d'Ambez*, elle porte le nom de GIRONDE, et se jette

---

[1] Nous ne citons ici que les rivières qui donnent leurs noms aux départements.

2*

dans le golfe de *Gascogne*, après un cours de 140 lieues.
Ses principaux affluents sont :

À droite : l'*Ariège*, qui sort des *Pyrénées* ;
            le *Tarn*, qui sort des *Cévennes* et reçoit
               l'*Aveyron* ;
            le *Lot*, qui prend aussi naissance aux
               Cévennes ;
            la *Dordogne*, qui reçoit la Vézère grossie
               de la *Corrèze* ;

À gauche : le *Gers*, qui sort des *Pyrénées*.

142. Les bassins secondaires ou adjacents sont :
celui de la *Charente*,
celui de la *Sèvre-Niortaise*.

BASSIN DE LA LOIRE.

143. Ce fleuve, le plus grand de la *France*, prend sa source aux *Cévennes*, et débouche dans l'*Océan atlantique*, après un cours de 200 lieues ; il reçoit,

À droite : la *Nièvre*,
            la *Mayenne*, qui reçoit la *Sarthe* grossie
               du *Loir*, et qui, vers son embouchure,
               prend le nom de *Maine*.

À gauche : l'*Allier*, qui sort des *Cévennes* ;
            le *Loiret* ;
            le *Cher* ;
            l'*Indre* ;
            la *Vienne*, qui reçoit la *Creuse* ;
            la *Sèvre-Nantaise*.

144. Parmi les bassins adjacents on remarque :
celui de la *Vilaine*, qui reçoit l'*Ille* ;
celui de la *Vendée*.

BASSIN DE LA SEINE.

145. La SEINE, qui prend sa source près du village de *Saint-Seine*, en *Bourgogne*, coule du S. au N., puis de l'E. à l'O., et débouche dans la *Manche* au

Hâvre, après un cours sinueux de 160 lieues. Elle reçoit,

> A droite : l'*Aube*,
> la *Marne*,
> l'*Oise*, grossie de l'*Aisne* ;
> A gauche : l'*Yonne*,
> l'*Eure*.

146. Parmi les bassins adjacents on remarque :
celui de la *Somme*, qui se jette dans la *Manche*, au N. de l'embouchure de la *Seine* ;

celui de l'*Orne*, qui débouche à travers un banc de rochers nommé *Calvados*, au S. O. de l'embouchure de la *Seine*.

DIX-NEUVIÈME LEÇON.

France physique.

Fleuves et rivières. — Partie orientale.

BASSIN DU RHÔNE.

147. Ce fleuve, qui a sa source en *Suisse*, près du sommet du mont de la *Fourche*, traverse le lac de *Genève*, entre en *France*, et y coule du N. au S., pour se jeter dans la *Méditerranée*, après un cours de 200 lieues.

Ses principaux affluents sont,

> A droite : l'*Ain*, qui descend du mont *Jura* ;
> la *Saône*, grande rivière qui sort des *Vosges* et qui reçoit le *Doubs* ;
> l'*Ardèche*, } qui sortent des *Cévennes*.
> le *Gard*, }
> A gauche : l'*Isère* } qui prennent leur source
> la *Drôme*, } dans les *Alpes*.

148. Parmi les bassins adjacents on remarque :

> A droite : { celui de l'*Aude*, } qui débouchent
> { celui de l'*Hérault*, } dans le golfe du *Lion*.
> A gauche : celui du *Var*, qui sort des *Alpes*, et se jette dans la *Méditerranée*.

149. Le RHIN, qui prend sa source en *Suisse*, dans les *Alpes des Grisons*, arrose ce pays du S. au N., traverse le lac de *Constance*, coule ensuite vers l'O.; puis, prenant sa direction vers le N. il sépare la *France* de l'*Allemagne*, arrose la *Hollande* et se perd, par plusieurs branches, dans la mer du *Nord*.

Son principal affluent est, en France, la *Moselle*, qui sort des *Vosges*, et qui reçoit la *Meurthe*.

150. Parmi ses bassins adjacents on remarque celui de la *Meuse*, qui se jette dans la mer du *Nord*.

151. Tout le territoire compris par les affluents d'un fleuve et par les bassins adjacents s'appelle *territoire hydrographique de ce fleuve*. On lui donne aussi le nom de la partie de la mer qui le baigne.

VINGTIÈME LEÇON.

France physique.

Principales rivières qui ne donnent pas leurs noms à des départements. —Principaux canaux.

Parmi les rivières dont nous n'avons point fait mention, parce qu'elles ne donnent point leurs noms à des départements, nous remarquerons :

152. Dans le bassin de la *Garonne*,

la *Baïse*, qui débouche à l'O. du *Gers*.

Dans le territoire hydrographique de ce fleuve se trouve le bassin de l'*Adour*, qui reçoit le *Gave de Pau*.

153. Dans le bassin de la *Seine*,

le *Loing*, qui débouche à l'O. de l'*Yonne*.

On y remarque aussi le bassin adjacent de la *Vire*.

154. Dans le bassin du *Rhin*,

l'*Ill*, qui débouche au N. de *Strasbourg*.

Un de ses bassins adjacents les plus remarquables est celui de l'*Escaut*, qui se jette dans la mer du *Nord*, après avoir reçu la *Scarpe* et la *Lys*.

155. Dans le bassin du *Rhône*,

la *Durance*, qui sort des *Alpes*, et débouche au S. de la rive gauche du *Rhône*, après un cours de 80 lieues.

Parmi ses bassins adjacents, on remarque celui du *Tet*, qui se jette au golfe du *Lion*.

156. Quant aux autres rivières remarquables par les villes qu'elles arrosent, telles que la *Deule*, l'*Iton*, la *Gartempe*, le *Thérain*, etc., nous en parlerons en faisant mention des villes.

157. Les principaux CANAUX de la France sont :

le canal du *Languedoc* ou du *Midi* qui, s'étendant de la *Garonne* à l'*Hérault*, met en communication la *Méditerranée* avec l'*Océan* ;

le canal du *Centre* ou du *Charollais*, qui s'étend de la *Saône* à la *Loire* ;

le canal de *Bourgogne* ou de *Dijon*, qui s'étend de la *Saône* à l'*Yonne* ;

le canal de *Montargis* ou du *Loing* qui, au moyen de celui d'*Orléans* et de celui de *Briare*, établit une double communication entre le bassin de la *Seine* et celui de la *Loire* ;

le canal des *Ardennes* qui, s'étendant de l'*Aisne* à la *Meuse*, met en communication les bassins de la *Seine* et du *Rhin* ;

le canal de *Monsieur* qui s'étend de la *Saône* au *Rhin*.

Parmi les canaux secondaires, on distingue celui de *Saint-Quentin*, qui unit l'*Oise*, la *Somme* et l'*Escaut* ; celui de la *Seine* qui, passant par Paris, met en communication la *Seine* avec elle-même ; et le canal de l'*Ourcq*, qui alimente le précédent.

VINGT-UNIÈME LEÇON.

La France en départements.

158. Territoire hydrographique de la SEINE.

Ce territoire comprend 16 départements.

	Départements.	Sol et Productions (1).	Chefs-lieux de Préfect. et de Sous-Préf.	Positions.
1	de la **Côte d'Or**	renommé par ses vignobles.	**Dijon** *Beaune. Semur, Châtillon.*	sur le canal de *Bourgogne.*
2	de l'**Aube** au N.-O. (2).	qui produit des céréales et d'excellent vin.	**Troyes** *Bar-sur-Seine. Bar-sur-Aube. Arcis-sur-Aube. Nogent-sur-Seine.*	sur la rive gauche de la *Seine.*
3	de **Seine-et-Marne** à l'O.	très-fertile en blé.	**Melun** *Fontainebleau. Provins. Coulommiers. Meaux.*	sur la *Seine.*
4	de la **Marne** au N.-E.	riche en vignes, en gibier, en poisson.	**Châlons** *Vitry-le-Français. Sainte-Menéhould. Épernay, Reims.*	s. la *Marne.*
5	de la **Haute-Marne** au S.-E.	montagneux et boisé, abondant en fer.	**Chaumont** *Langres. Vassy.*	sur une montagne.
	Revenant au cours de la SEINE, *on trouve les départements*			
6	de la **Seine**	le moins étendu et le second pour la population.	**Paris** *Sceaux. Saint-Denis.*	sur la *Seine.*

(1) Dans le premier degré, l'Élève n'apprendra pas ce que renferme cette colonne.
(2) Cette situation est toujours relative au département précédent.

	Départements.	Sol et Productions.	Chefs-lieux de Préfect. et de Sous-Préf.	Positions.
7	**de Seine-et-Oise** qui enclave le précédent	fertile en grains, en fruits, en légumes.	**Versailles.** *Étampes. Corbeil. Pontoise. Rambouillet. Mantes.*	
8	**de l'Oise** au N.	riche en forêts, en céréales et en légumes.	**Beauvais** *Senlis. Clermont. Compiègne.*	s. le *Thérain.*
9	**de l'Aisne** à l'E.	riche en forêts, en pâturages, en céréales et en légumes.	**Laon.** *Vervins. Château-Thierry. Soissons. Saint-Quentin.*	sur une montagne.
10	**de la Seine-Inférieure** à l'O. de celui de l'*Oise* *Revenant vers la source de la* SEINE, *on trouve les departements*	entrecoupé de vergers, de champs et de pâturages.	**Rouen** *Neuchâtel. Le Hâvre. Yvetot. Dieppe.*	sur la *Seine.*
11	**de l'Yonne** à l'O. de la *Côte-d'Or*	célèbre par ses vignobles et abondant en gibier et en poisson.	**Auxerre** *Avallon. Tonnerre. Joigny. Sens.*	sur l'*Yonne.*
12	**de l'Eure** au S. de la *Seine-Inférieure* *Les bassins de l'*ORNE, *de la* VIRE *et de la* SOMME *renferment les departements*	dont les pâturages nourrissent de nombreux bestiaux.	**Évreux.** *Les Andelys. Bernay. Pont-Audemer. Louviers.*	sur l'*Iton.*
13	**de l'Orne** au S. E. de l'*Eure*	dont les montagnes abondent en fer, et dont les pâturages nourrissent de beaux chevaux.	**Alençon** *Mortagne. Domfront. Argentan.*	sur la *Sarthe.*

	Départements.	Sol et Productions.	Chefs-lieux de Préfect. et de Sous-Préf.	Positions.
14	du **Calvados** au N.	où l'on élève de gros bestiaux.	**Caen** *Falaise. Lisieux. Pont-l'Evêque. Vire. Bayeux.*	sur l'*Orne.*
15	de la **Manche** à l'O.	dont le sol est généralement sablonneux et marécageux. On y remarque le cap de la *Hogue.*	**Saint-Lô** *Mortain. Avranches. Coutances. Valogne. Cherbourg.*	sur la *Vire.*
16	de la **Somme** au N. de la *Seine-Inférieure*	riche en céréales et en graines oléagineuses.	**Amiens** *Montdidier. Péronne. Abbeville. Doullens.*	s. la *Somme.*

VINGT-DEUXIÈME LEÇON.

La France en départements.

159. Territoire hydrographique du RHIN.

Ce territoire, baigné par la mer du *Nord* jusqu'au delà du *Pas-de-Calais*, ne comprend que 9 départements.

	Départements.	Sol et Productions.	Chefs-lieux	Positions.
1	du **Haut-Rhin**	remarquable par ses établissements d'industrie.	**Colmar** *Altkirch. Béfort.*	sur le *Lauch.*
2	du **Bas-Rhin** au N.	où sont aussi de nombreuses manufactures, des usines. Ces deux départements sont riches en céréales, en vignes, en tabac, en graines oléagineuses.	**Strasbourg v. f.** *Vissembourg. Schélestadt. Saverne.*	sur l'*Ill.*

	Départements.	Sol et Productions.	Chefs-lieux de Préfect. et de Sous-Préf.	Positions.
3	de la **Moselle** au N.-O.	riche en mines de fer, en céréales, et surtout remarquable par son importance militaire.	**Metz. v. f.** *Sarreguemines. Briey. Thionville.*	s. la *Moselle.*
4	de la **Meurthe** au S.	abondant en productions minérales et agricoles. Les sites en sont admirables.	**Nancy** *Lunéville. Sarrebourg. Château-Salins. Toul.*	s. la *Meurthe.*
5	des **Vosges** au S.	très-montagneux, riche en bois et en fruits.	**Épinal** *Remiremont. Saint-Dié. Mirecourt. Neufchâteau.*	s. la *Moselle.*
	Dans le bassin de la MEUSE *sont les départements*			
6	de la **Meuse** au N.-O.	entrecoupé de montagnes boisées et de riches vallées.	**Bar-le-Duc** *Commercy. Verdun. Montmédy.*	sur l'*Ornain.*
7	des **Ardennes** au N.-O.	boisé au N., où il abonde en mines de fer.	**Mézières v. f.** *Sedan. Vouziers. Rethel. Rocroy.*	sur la *Meuse.*
	*Le bassin de l'Es-*CAUT *renferme les départements*			
8	du **Nord** au N.-O.	le plus fertile, le plus riche et le plus peuplé de la France ; il abonde en mines, en lin, en orge, en tabac, etc. L'industrie manufacturière y est très-florissante.	**Lille v. f.** *Avesnes. Cambrai. Valenciennes. Douai. Hazebrouck. Dunkerque.*	sur la *Deule.*

	Départements.	Sol et Productions.	Chefs-lieux de Préfect. et de Sous-Préf.	Positions.
9	du Pas-de-Calais à l'O.	dont le sol, bien cultivé, produit des graines oléagineuses, du houblon, des betteraves, etc.	**Arras v. f.** *Saint-Pol. Montreuil. Béthune. Boulogne. Saint-Omer.*	s. la *Scarpe.*

VINGT-TROISIÈME LEÇON.

La France en départements.

160. Territoire hydrographique du RHÔNE.

Ce territoire, qui renferme 17 départements, présente une grande vallée, dominée à l'O. par les *Cévennes,* et la *Côte-d'Or,* au N. par les *Vosges,* et à l'E. par le *Jura* et les *Alpes.*

	Départements.	Sol et Productions.	Chefs-lieux	Positions.
1	de l'Ain	généralement marécageux, fertile en maïs, dont on nourrit d'excellentes volailles. On y exploite les meilleures pierres lithographiques.	**Bourg** *Belley. Nantua. Gex. Trévoux.*	sur la *Reyssouse.*
2	du Jura au N.-E.	montagneux et boisé, riche en fer, en marbre, en salines, en vignes. On y élève des chevaux et des bêtes à laine.	**Lons-le-Saulnier** *Saint-Claude. Poligny. Dôle.*	au confluent de trois rivières.
3	de la Haute-Saône au N.	dont le sol semblable au précédent, abonde en blé et en pommes de terre.	**Vesoul** *Lure. Gray.*	sur le *Drugeon.*

	Départements.	Sol et Productions.	Chefs-lieux de Préfect. et de Sous-Préf.	Positions.
4	du **Doubs** au S.-E.	montagneux et riche en mines de fer. On y élève de bons chevaux. Dans ces deux départements il y a de nombreuses usines.	**Besançon** v. f. *Pontarlier. Beaume-les-Dames. Montbelliard.*	sur le *Doubs.*
	A l'embouchure de la SAÔNE *et en suivant la rive droite du* RHÔNE, *on a les départements*			
5	du **Rhône**	célèbre par ses excellents vins et ses fabriques de soieries.	**Lyon** 2ᵉ du royaume. *Villefranche.*	au confluent de la *Saône* et du *Rhône.*
6	de l'**Ardèche** au S.	dont le sol montagneux recèle des volcans éteints. Il abonde en vignes et en mûriers.	**Privas** *Tournon. l'Argentières.*	sur l'*Ouvèze.*
7	du **Gard** au S.	riche en mines de fer, en vignobles , en mûriers, en orangers et en citronniers.	**Nîmes** *Uzès Le Vigan. Alais.*	dans une plaine.
	Revenant au confluent de la SAÔNE *et du* RHÔNE, *on parcourt les départements*			
8	de l'**Isère**	très-montagneux et remarquable par ses sites. Dans les parties basses , on récolte beaucoup de chanvre.	**Grenoble** v. f. *Saint-Marcellin, Vienne. La Tour-du-Pin.*	sur l'*Isère.*

	Départements.	Sol et Productions.	Chefs-lieux de Préfect. et de Sous-Préf.	Positions.
9	de la **Drôme** au S.	dont les collines sont riches en vignobles. On y élève beaucoup de vers à soie.	**Valence** *Nyons.* *Die.* *Montélimart.*	sur le *Rhône.*
10	de **Vaucluse** au S.	qui doit son nom à une fontaine célèbre. Il abonde en plantes tinctoriales, en mûriers, en vignes, en fruits excellents.	**Avignon** *Apt.* *Carpentras.* *Orange.*	s. le *Rhône.*
11	des **Basses-Alpes** à l'E.	pays montagneux, riche en mûriers, en pruniers, en oliviers.	**Digne p. v.** *Castellane.* *Barcelonnette.* *Forcalquier.* *Sisteron.*	s. la *Bléone.*
12	des **Hautes-Alpes** au N.	très-montagneux et riche en mines. C'est le moins peuplé.	**Gap** *Embrun.* *Briançon.*	sur la *Luie.*
13	des **Bouches-du-Rhône** au S. de celui de *Vaucluse.*	très-riche en vignes, en arbres fruitiers, en orangers, en oliviers. On en exporte beaucoup de savon et d'huile.	**Marseille** 3ᵉ du roy. *Aix.* *Arles.*	sur la *Méditerranée.*
	Le bassin du VAR *comprend le département*			
14	du **Var** à l'E.	pays montagneux et délicieux, riche en simples, en marrons, en vins et en fruits	**Draguignan** *Grasse.* *Toulon.* *Brignolles.*	dans une situation délicieuse.

Départements.	Sol et Productions.	Chefs-lieux de Préfect. et de Sous-Préf.	Positions.
	excellents. Il s'y fait un grand commerce de parfumerie.		
Les bassins de l'HÉRAULT, *de l'Au-*DE *et du* TET *renferment les départements*			
de l'Hérault	riche en vins excellents, en fruits, en plantes médicinales et tinctoriales. On y exploite le plus beau marbre blanc, et le commerce y est très-actif en eaux-de-vie et en draps.	**Montpellier** *Beziers. Saint-Pons. Lodève.*	dans une situation délicieuse.
de l'Aude au S.	riche en pâturages, en céréales et en vignobles. On y élève beaucoup d'abeilles.	**Carcassonne** *Narbonne. Limoux. Castelnaudary.*	sur l'*Aude.*
des **Pyrénées-Orientales** au S.-O.	pays très-montagneux, riche en céréales, en fruits, en vins très-estimés. On y élève des abeilles, des bêtes à laine, de belles chèvres.	**Perpignan** *Céret. Prades.*	sur le *Tet.*

VINGT-QUATRIÈME LEÇON.

La France en départements.

161. Territoire hydrographique de la LOIRE.

Ce territoire, le plus étendu, comprend 25 départements.

	Départements.	Sol et Productions.	Chefs-lieux de Préfect. et de Sous-Préf.	Positions.
1	de la **Haute-Loire**	hérissé de montagnes, volcans éteints, riches en mines. Il est très-fertile en céréales, en légumes, en fruits, etc.	**Le Puy** *Issengeaux.* *Brioude.*	sur le penchant du mont *Corneille.*
2	de la **Loire** au N.-E.	très-montagneux, et riche en mines de fer, de plomb et de houille; il y a beaucoup de châtaigniers et de mûriers.	**Montbrison** *Saint-Étienne.* *Roanne.*	s. le *Vizezy.*
3	de **Saône-et-Loire** au N.-E.	dont le sol montueux est riche en mines, en bons vignobles, en fruits, en chanvre.	**Mâcon** *Louhans.* *Chalons-sur-Saône.* *Charolles.* *Autun.*	s. la *Saône.*
4	de la **Nièvre** au N.-O.	couvert de forêts et de pâturages; il abonde en mines de fer, en céréales, en chanvre.	**Nevers** *Château-Chinon.* *Clamecy.* *Cosne.*	au confluent de la *Nièvre* et de la *Loire.*

A l'embouchure de la MAYENNE *dans la* LOIRE, *on trouve les départements*

	Départements.	Sol et Productions.	Chefs-lieux de Préfect. et de Sous-Préf.	Positions.
5	de **Maine-et-Loire**	riche en houillères et en carrières d'ardoises. Les pâturages y nourrissent beaucoup de bêtes à cornes.	**Angers** *Saumur. Baugé. Beaupréau. Segré.*	sur le *Maine.*
6	de la **Mayenne** au N.	abondant en chanvre, en lin. On y élève beaucoup d'abeilles.	**Laval** *Château-Gontier. Mayenne.*	sur la *Mayenne.*
7	de la **Sarthe** à l'E.	dont le sol est généralment sablonneux. On y élève des troupeaux, des abeilles, d'excellentes volailles.	**Le Mans** *Saint-Calais. Mamers. La Flèche.*	sur la *Sarthe.*
8	d'**Eure-et-Loir** au N.-E. *Revenant vers la source du fleuve, on trouve les départements*	riche en céréales et en pâturages.	**Chartres** *Châteaudun. Nogent-le-Rotrou. Dreux.*	sur l'*Eure.*
9	du **Puy-de-Dôme** au N.-O. de la *Haute-Loire.*	couvert de montagnes volcaniques qui en ont fertilisé le sol ; abondant en céréales, en fruits, en légumes, etc. Ses sites sont admirables.	**Clermont-Ferrand** *Issoire. Ambert. Thiers. Riom.*	près du *Puy-de-Dôme.*
10	de l'**Allier** au N.	célèbre par ses eaux minérales. Il y a beaucoup d'usines.	**Moulins** *La Palisse. Gannat. Mont-Luçon.*	sur l'*Allier.*

Départements.	Sol et Productions.	Chefs-lieux de Préfect. et de Sous-Préf.	Positions.
En suivant le cours du fleuve, on trouve l'embouchure du LOIRET, *petite rivière qui donne son nom au département*			
11 du Loiret	riche en céréales, en safran, en vignes. Il y a beaucoup de raffineries.	Orléans *Gien.* *Montargis.* *Pithiviers.*	sur la *Loire.*
12 de Loir-et-Cher au S.-O.	fertile, au N. de la *Loire*, en vignes et en pâturages.	Blois *Romorantin.* *Vendôme.*	sur la *Loire*
13 du Cher au S.-E.	boisé et fertile dans les environs de la *Loire*. On y élève beaucoup de bêtes a laine.	Bourges *Saint-Amand.* *Sancerre.*	sur l'*Auron.*
14 d'Indre-et-Loire	arrosé par la *Loire*, le *Cher* et l'*Indre ;* il est surnommé le jardin de la France.	Tours *Loches.* *Chinon.*	sur la *Loire.*
15 de l'Indre au S.-E.	pays boisé mais marécageux. On y élève beaucoup de bêtes à laine.	Châteauroux *La Châtre.* *Issoudun.* *Le Blanc.*	sur l'*Indre.*
16 de la Creuse au S.-E.	dont le sol est montueux et sablonneux. Il y a beaucoup de moutons, dont la laine sert à faire de beaux tapis.	Guéret *Aubusson.* *Boussac.* *Bourganeuf.*	près de la *Creuse.*

	Départements.	Sol et Productions.	Chefs-lieux de Préfect. et de Sous-Préf.	Positions.
17	**de la Vienne** à l'O. des départements de l'*Indre* et de la *Creuse*.	où l'on élève beaucoup d'abeilles et de bêtes à laine. Le commerce consiste principalement en papeterie et en coutellerie.	**Poitiers** *Montmorillon. Châtellerault. Civray. Loudun.*	sur le *Clain.*
18	**de la Haute-Vienne** au S.-E.	dont le sol montagneux est couvert de châtaigniers. Les chevaux qu'on y élève sont forts. Il y a des mines d'étain et de belles papeteries.	**Limoges** *Saint-Yrieix. Rochechouart. Bellac.*	s. la *Vienne.*
	A l'O. de celui de la VIENNE sont les départements			
19	des **Deux-Sèvres**	ent recoupé de rivières et riche en céréales. Il y a beaucoup de mulets et de troupeaux.	**Niort** *Melle. Partenay. Bressuire.*	sur la *Sèvre Niortaise.*
20	**de la Loire-Inférieure** au N.-O.	dont l'air est généralement malsain. Son sol uni produit des fruits à cidre, du vin et des céréales. Les côtes offrent beaucoup de marais salants.	**Nantes** *Ancenis. Châteaubriant. Paimbœuf, Savenay.*	sur la *Loire,* à l'embouchure de la *Sèvre-Nantaise.*
	Les bassins de la VENDÉE et de la VILAINE renferment les départements			

	Départements.	Sol et Productions.	Chefs-lieux de Préfect. et de Sous-Préf.	Positions.
21	**de la Vendée** au S.	dont le sol sablonneux produit cependant beaucoup de céréales et de bons légumes. Il y a des marais salants.	**Bourbon-Vendée.** *Fontenay - le-Comte. Les Sables-d'Olonne.*	sur l'*Yon.*
22	**d'Ille-et-Vilaine** au N. de la *Loire-Inférieure.*	d'où l'on retire beaucoup de lin, de chanvre et d'excellent beurre.	**Rennes** *Vitri. Fougères. Redon. Montfort. Saint-Malo.*	au confluent de l'*Ille* et de la *Vilaine.*
23	**du Morbihan** au S.-O.	qui doit son nom à une baie [1]. La pêche y est abondante, et il y a d'excellents pâturages.	**Vannes** *Ploermel. Lorient. Pontivy.*	sur la *Marle.*
24	des **Côtes-du-Nord** au N.	ainsi nommé de sa situation. Il abonde en chanvre, en lin et en pâturages.	**St.-Brieuc** *Dinan. Loudéac. Guingamp. Lannion.*	sur le *Gouet.*
25	**du Finisterre** à l'O.	qui doit aussi son nom à sa situation; c'est le plus occidental. On y remarque le cap *St-Mathieu.* Son sol humide abonde en chanvre et en lin.	**Quimper** *Quimperlé. Morlaix. Châteaulin. Brest.*	au confluent de l'*Odet* et du *Stair.*

[1] En breton. *Morbihan* signifie *petite mer.*

VINGT-CINQUIÈME LEÇON.

La France en Départements.

162. Territoire hydrographique de la GARONNE.

Ce territoire comprend 18 départements.

	Départements.	Sol et Productions.	Chefs-lieux de Préfect. et de Sous-Préf.	Positions.
1	de la **Haute-Ga-**ronne.	très-riche en céréales, en vignobles et en fruits. On y élève beaucoup de volailles.	**Toulouse** *Villefranche. Saint-Gaudens. Muret.*	s. la *Garonne* et le canal du *Midi.*
2	de l'**Ariège** au S.	montagneux et abondant en mines. Il y a de nombreuses forges.	**Foix** *Saint-Girons. Pamiers.*	sur l'*Ariège.*
3	de **Tarn-et-Ga-**ronne au N. de la *Haute-Garonne.*	très-fertile en grains, et renommé pour ses chevaux et ses volailles.	**Montauban** *Castel-Sarrasin. Moissac.*	sur le *Tarn.*
4	du **Tarn** au S.-E.	riche en céréales, en vignes, en légumes.	**Alby** *Castres. Lavaur. Gaillac.*	sur le *Tarn.*
5	de l'**Aveyron** au N.-E.	dont les montagnes abondent en fer, et dont les pâturages nourrissent des chevaux et de nombreux troupeaux.	**Rodez** *Saint-Affrique. Milhau. Espalion. Villefranche.*	s. l'*Aveyron.*
6	de la **Lozère** à l'E.	dont le sol montagneux et humide produit beaucoup de châtaigniers, d'excellents pâtura-	**Mende** *Florac. Marvejols.*	sur le *Lot.*

	Départements.	Sol et Productions.	Chefs-lieux du Préfect. et de Sous-Préf.	Positions.
		ges. On y exploite des mines de plomb et de cuivre.		
	Revenant au cours de la GARONNE, *on parcourt les départ*[s]. **de**			
7	**Lot-et-Garonne** à l'E. du *Tarn-et-Garonne*.	dont la partie orientale est très-fertile en céréales, en vignes, en beau chanvre, en excellent tabac et en prunes renommées.	**Agen** *Villeneuve-d'A-gen.* *Nérac.* *Marmande.*	s. la *Garonne.*
8	**du Lot** au N.-E.	riche en céréales et en vignobles. On y recueille beaucoup de truffes, de safran et de chanvre.	**Cahors** *Figeac.* *Gourdon.*	sur le *Lot.*
9	**de la Gironde** au N.-O.	dont le principal produit consiste en excellents vins.	**Bordeaux** 4e du roy. *Bazas* *La Réole.* *Libourne.* *Blaye.* *Lesparre.*	s. la *Garonne.*
10	**de la Dordogne** au N.-E.	dont le sol produit du fer, des vignes, des champignons, les meilleures truffes de l'Europe. On y élève beaucoup de porcs.	**Périgueux** *Sarlat.* *Bergerac.* *Riberac.* *Nontron.*	sur l'*Isle.*
11	**de la Corrèze** au N.-E.	dont les montagnes, riches en mines, produisent beaucoup de châtaigniers et de	**Tulle** *Ussel.* *Brives.*	s. la *Corrèze.*

	Départements.	Sol et Productions.	Chefs-lieux de Préfect. et de Sous-Préf.	Positions.
		noyers. Les pâturages nourrissent d'excellents chevaux et beaucoup de bestiaux.		
12	du **Cantal** au S.-E.	hérissé de hautes montagnes volcaniques. Dans les vallées, on recueille du lin et l'on nourrit beaucoup de troupeaux. Le commerce consiste principalement en tannerie et en chaudronnerie.	**Aurillac** *Saint-Flour. Murat. Mauriac.*	sur la *Jordane.*
	Revenant au cours du fleuve, on trouve à gauche le départem.			sur le *Gers.*
13	du **Gers**	dont le sol, généralement très-fertile, produit beaucoup de vin. On y élève beaucoup d'oies et de canards.	**Auch** *Lombez. Mirande. Condom. Lectoure.*	
	*Le bassin de l'A-*DOUR *renferme les départements*			
14	des **Hautes-Py-rénées.** au S.	célèbre par ses eaux minérales, et dont les montagnes recèlent des carrières de marbre et d'ardoises. Les collines sont couvertes de beaux vignobles.	**Tarbes** *Bagnères-de-Bigorre. Argelès.*	sur l'*Adour.*

	Départements.	Sol et Productions.	Chefs-lieux de Préfect. et de Sous-Préf.	Positions.
15	des **Basses-Py-rénées.** à l'O.	qui, comme le précédent, recèle des mines, et produit en outre de beau lin et beaucoup de maïs.	**Pau** *Oléron, Mauléon. Orthez. Bayonne*	sur le *Gave de Pau.*
16	des **Landes** au N.	qui doit son nom à ses landes, terrains sablonneux et marécageux. On y remarque une vaste forêt de pins et beaucoup de chênes à liége.	**Mont-de-Marsan.** *Dax. Saint-Séver.*	au confluent de deux rivières.
	Le bassin de la CHARENTE *comprend les départem.*			
17	de la **Charente**	dont le sol, généralement ingrat, produit du vin et beaucoup de truffes. La papeterie et les eaux-de-vie sont les principales branches du commerce.	**Angoulême** *Confolens. Barbezieux. Cognac. Ruffec.*	près de la *Charente.*
18	de la **Charente-Inférieure** à l'O.	riche en céréales et en vins.	**La Rochelle** *Jonzac. Saintes. Marennes. Rochefort. Saint-Jean-d'Angely.*	sur l'*Atlantique.*
	Dans la Méditerranée est l'île de CORSE, *qui forme le département*			
19	de la **Corse**	très-montagneux et riche en vins, en fruits et en excellents pâturages. Il y a beaucoup de mines et de carrières.	**Ajaccio** *Sartène. Corte. Bastia. Calvi.*	au fond d'un golfe.

Les autres îles principales qui dépendent des départements sont :

Dans l'Océan Atlantique
OUESSANT, à l'O. du *Finisterre*.
BELLE-ILE et CROIX, au *Morbihan*.
NOIRMOUTIERS, à la *Vendée*.
RÉ et OLÉRON, à la *Charente-Inférieure*.

Dans la Méditerranée
les îles d'HYÈRES au département du *Var*.

La France possède en outre des établissements en *Afrique*, en *Asie* et en *Amérique*.

VINGT-SIXIÈME LEÇON.

La France divisée en provinces.

Avant la division de la France en départements (en 1790), cette contrée se composait de 32 provinces principales ou gouvernements, successivement acquises à la Couronne, et qu'on peut diviser en cinq régions, selon leur situation géographique.

163. RÉGION SEPTENTRIONALE.

	Provinces.	Capitales.	(*)	Départements qui en sont formés.
1	la **Flandre**	*Lille*	5	Nord.
2	l'**Artois** à l'O.	*Arras*	20	Pas-de-Calais.
3	la **Picardie** au S.	*Amiens*	8	Somme.
4	la **Normandie** au S.-O.	*Rouen*	1	Seine-Inférieure, Eure, Calvados, Manche, Orne.

(*) Ordre selon la population.

	Provinces.	Capitales.		Départements qui en sont formés.
5	l'Ile-de-France. à l'E.	*Paris.*	1	Seine, Seine-et-Oise, Seine-et-Marne, Oise, Aisne.
6	la Champagne à l'E.	*Troyes.*	17	Ardennes, Marne, Aube, Haute-Marne.
7	la Lorraine à l'E.	*Nancy.*	12	Meuse, Moselle, Meurthe, Vosges.

164. RÉGION CENTRALE.

	Provinces.	Capitales.		Départements qui en sont formés.
8	l'Orléanais	*Orléans*	9	Loiret, Eure-et-Loir, Loir-et-Cher.
9	la Touraine au S.-O.	*Tours*	22	Indre-et Loire.
10	le Berri à l'E.	*Bourges*	23	Indre, Cher.
11	le Nivernais à l'E.	*Nevers*	24	Nièvre.
12	le Bourbonnais au S.	*Moulins*	27	Allier.
13	la Marche au S.-O.	*Guéret*	32	Creuse.
14	le Limousin au S.	*Limoges*	16	Haute-Vienne, Corrèze.
15	l'Auvergne à l'E.	*Clermont-Ferrand*	11	Puy-de-Dôme, Cantal.

165   RÉGION OCCIDENTALE.

	Provinces.	Capitales.		Départements qui en sont formés.
16	le Maine	le Mans	24	Sarthe, Mayenne.
17	l'Anjou au S.	Angers	13	Maine-et-Loire.
18	la Bretagne à l'O.	Rennes	14	Ille-et-Vilaine, Côtes-du-Nord, Finisterre, Morbihan, Loire-Inférieure.
19	le Poitou au S.-E.	Poitiers	22	Vienne, Deux-Sèvres, Vendée.
20	l'Aunis au S.	la Rochelle	29	
21	la Saintonge au S.	Saintes	30	Charente-Inférieure, Charente.
	et l'Angoumois à l'E.	Angoulême	26	

166   RÉGION ORIENTALE.

	Provinces.	Capitales.		Départements qui en sont formés.
22	l'Alsace	Strasbourg	7	Haut-Rhin, Bas-Rhin.
23	la Franche-Comté au S.-O.	Besançon	15	Haute-Saône, Doubs, Jura.
24	la Bourgogne à l'O.	Dijon	18	Yonne, Côte-d'Or, Saône-et-Loire, Ain.
25	le Lyonnais au S.	Lyon	2	Rhône, Loire.

3*

167. RÉGION MÉRIDIONALE.

	Provinces.	Capitales.		Départements qui en sont formés.
26	le **Languedoc**	*Toulouse*	6	Haute-Loire, Ardèche, Lozère, Gard, Hérault, Tarn, Aude, Haute-Garonne.
27	le **Roussillon** au S.	*Perpignan*	25	Pyrénées-Orientales.
28	le **Comté de Foix** à l'O.	*Foix*	31	Ariège.
29	la **Guyenne et la Gascogne** au N.-O.	*Bordeaux*	3	Dordogne, Gironde, Lot-et-Garonne, Lot, Tarn-et-Garonne, Aveyron, Landes, Gers, Hautes-Pyrénées.
30	le **Béarn** au S.	*Pau*	23	Basses-Pyrénées.
31	le **Dauphiné** au S.-E. du Lyonnais.	*Grenoble*	21	Isère, Drôme, Hautes-Alpes.
32	le **Comtat-Venaissin** au S (1)..	*Avignon*	10	Vaucluse.
33	la **Provence** au S.	*Aix*	19	Basses-Alpes, Bouches-du-Rhône, Var.

La Corse, qui appartenait aux Génois, a été réunie à la France sous Louis XV. *Bastia* en était la capitale.

(1) Il appartenait au pape.

Statistique des Contrées de l'Europe.

EUROPE CENTRALE.

CONTRÉES.	SITUATION.	ÉTENDUE.	POPULATION.
FRANCE.	Latit. sept. 42° 20' 51 5' Long. orient. 5 51' 7 7'	Long. 250 l. du N. au S. Largeur 200 Superficie 27,000 lieues carrées	32,000,000
SUISSE.	Longitude. 45° 50' 47 50' Long. orient. 3 40' 8 5'	Longueur 95 l. Largeur moy. 40 l. Superficie 1,660 l. c.	2,030,000
BELGIQUE.	Latit. sept. 49° 25' 51 30' Long. orient. 0 15' 3 45'	Longueur 65 l. Largeur moy. 48 l. Superficie 1,150 l. c.	4 000,000
HOLLANDE.	Latit. sept. 49° 25' 53 35' Long. orient. 1 0' 4 50'	Longueur 77 l. Largeur 42 l. Superficie 1,800 l. c.	2,500,000
ALLEMAGNE propre ou Confédérat. germanique.	Latit. sept. 47° 20' 54 20' Long. orient. 4 20' 12 40'	Longueur 175 l. Largeur 100 l. Superficie 12,380 l. c.	18,120,000
PRUSSE.	Latit. sept. 49° 10' 55 52' Long. orient. 3 35' 20 5'	Longueur 305 l Largeur 85 l. Superficie 13,028 l. c.	12,500,000
AUTRICHE.	Latit. sept. 42° 10' 51 0' Long. orient. 6 4' 24 10'	Longueur 310 l. Largeur 120 Superficie 34,870 l. c.	30,000,000

EUROPE SEPTENTRIONALE.

CONTRÉES	SITUATION.		ÉTENDUE.		POPULATION.
DANEMARK.	Latitude septent.	53° 21' 57 44'	Longueur Largeur	115 lieues du N. au S. 40 lieues.	1,700,00
	Longitude orientale.	3 45' 10 30'	Superficie	2,820 lieues carrées.	
RUSSIE.	Latitude septent.	38° 77'	Longueur Largeur	850 lieues N.-O. au S.-O. 600 lieues de l'E. à l'O.	51,000,000
	Longitude orientale	15° 62'	Superficie	261,000 lieues carrées.	
SUÈDE. ET NORVÈGE.	Latitude septent.	55° 20' 71 10'	Longueur Largeur	430 lieues du N. au S. 180	3,840000
	Longitude orientale	2 « 29 «	Superficie	44,060 lieues carrées,	
	Latitude septent.	49° 57' 61 55'	Longueur Largeur { N. { S.	200 lieues. 62 110	EUROPE. 14,000,000
	Longitude occident.	« 35' 12 39'	Superficie	11,400 lieues carrées.	

EUROPE MÉRIDIONALE.

CONTRÉES.	SITUATION.		ÉTENDUE.		POPULATION.
PORTUGAL.	Latitude septent.	36° 56' 42 7'	Longueur	125 lieues.	3,000,000
	Longitude occident.	9 54' 11 50'	Largeur Superficie	40 lieues. 5,288 lieues carrées.	
ESPAGNE. ı	Latitude septent.	36° 0' 43 46'	Longueur Largeur	245 lieues. 128 lieues.	11,500,000
	Longitude orientale Longitude occident.	1 0' 11 36'	Superficie	23,500 lieues carrées.	
ITALIE.	Latitude septent.	37° 54' 46 46'	Longueur Largeur moyenne	275 lieues. 47 lieues.	20,000,000
	Longitude orientale	3 17' 16 9'	Superficie	13,000 lieues carrées.	
TURQUIE D'EUROPE.	Latitude septent.	38° 30' 48 20'	Long. de l'E. à l'O. Plus grande largeur	280 lieues. 230 lieues.	9,500,000
	Longitude orientale.	13 0' 27 30'	Superficie	20,000 lieues carrées.	
GRÈCE.	Latitude septent.	36° 20' 40 0'	Superficie	2,750 lieues carrées.	1,000,000
	Longitude orientale	18 20' 23 20'			

VINGT-SEPTIÈME LEÇON.

Asie méridionale.

168. L'ASIE, celle des parties du Monde qui occupe
le premier rang par son importance historique, sa population et ses productions, est bornée au N. par l'*Océan
boréal oriental*; à l'E., par l'*Océan oriental septentrional*,
qui y forme diverses mers ou golfes; au S., par l'*Océan
Indien*, qui y forme de même des golfes; à l'O., par la
Méditerranée, l'*Archipel*, la mer de *Marmara*, la mer
Noire, la mer *Caspienne*, le fleuve et les monts *Ourals*.

La partie méridionale nous présente :

169. L'ARABIE, grande presqu'île sablonneuse et
brûlante, dont la capitale est la *Mecque*, patrie de Ma-
homet. On y élève les plus beaux chevaux du monde, et
l'on y récolte le meilleur café, le *Moka*.

Séparée de l'*Afrique* par la mer *Rouge* au N. de laquelle
est l'isthme de *Suez* ; elle est baignée au S. par le golfe
d'*Oman*.

170. La TURQUIE d'ASIE, berceau du genre humain,
contrée généralement délicieuse, divisée en cinq grands
pays, dont les villes principales sont: *Smyrne*, port très-
important, *Erze-Roum*, *Bagdad*, *Mossoul*, *Alep*, *Damas*
et *Jérusalem*.

Parmi les îles qui en dépendent, on distingue celle de
Chypre, célèbre par son vin.

171. La PERSE, à l'E. de l'*Arabie*, dont elle est séparée par le golfe *Persique*. Ce pays, dont le sol et le
climat sont très-variés, a pour capitale *Téhéran*, [quoique
cette ville soit moins peuplée qu'*Ispahan*, ancienne capitale, et que *Tauris*, ville très-commerçante.]

172. Au S.-E. s'étendent deux vastes presqu'îles séparées par le golfe du *Bengale* : ce sont les INDES, la plus
riche contrée de l'*Asie*.

La partie occidentale, désignée aujourd'hui sous le
nom d'*Hindoustan*, est presque entièrement soumise à
la domination des Anglais. Le siége de leur gouverne-

ment est à *Calcutta*, ville très-belle et très-commerçante.

Sur la côte orientale, on remarque *Madras*, à l'Angleterre, et *Pondichéry*, à la France; sur l'occidentale, se trouvent *Surate* et *Calicut*.

[Parmi les nombreuses villes de l'intérieur, on distingue *Patna*, *Bénarès*, *Delhy*, capitale de l'ancien empire du *Mogol*, *Cachemire*, *Pounah*, etc.]

L'*Hindoustan* est borné au N. par les monts *Himalaya*, les plus hauts du Globe, et qui dépendent du plateau du *Tibet*, d'où sortent un grand nombre de fleuves, dont les principaux sont l'*Indus* ou *Sind*, qui débouche au N. du golfe d'*Oman*, le *Gange* et le *Brahmapoutre*, que reçoit celui du *Bengale*.

Dans l'intérieur s'élèvent les *Ghattes* qui, divisées en deux chaînes, courent du N. au S. et s'y terminent au cap *Comorin*.

Au S.-E. on remarque l'île de *Ceylan*, renommée par ses épices.

La partie orientale des *Indes* présente l'INDO-CHINE, divisée naturellement, du N. au S., par une longue chaîne de montagnes jusqu'au cap *Romania*, le plus méridional de l'*Asie*, à l'extrémité de la presqu'île de *Malacca*.

Dans la partie occidentale, arrosée par l'*Iraouaddy*, fleuve immense divisé en deux branches, est l'empire BIRMAN, cap. *Ava*.

Dans la partie orientale, qu'arrosent le *Meïnam* et le *May-Kang*, on remarque le royaume de SIAM, cap. *Siam* ou *Juthia*, et l'empire D'AN-NAM où se trouvent la *Cochinchine*, [baignée par la mer de *Chine* et dont la capitale est *Hué* ou *Phuxuan*, résidence de l'empereur,] et le *Tonkin*, [cap. *Kécho* ou *Bac-Kinh*, ancienne métropole de l'empire.] _

VINGT-HUITIÈME LEÇON.

Asie septentrionale.

173. Au N. des *Indes* s'étend le vaste EMPIRE CHINOIS, dont la capitale est *Pé-King*, ville très-grande

et très-peuplée. Au S. on remarque *Nan-King*, la plus grande ville de l'empire, et *Canton*, la seule où les Européens soient admis (1).

Les deux plus célèbres fleuves de la *Chine* sont le *Yang-tseu-Kiang*, ou *fleuve Bleu*, et le *Hoang-ho* ou *fleuve Jaune*, qui arrosent la CHINE PROPRE de l'O. à l'E. et débouchent dans la mer *Orientale*.

174. Au S.-O., entre les *Indes* et la *Chine*, s'élève le haut et vaste plateau du TIBET; et, à l'O et au N., règnent plusieurs chaînes qui, à l'O., séparent la *Chine* de la TARTARIE INDÉPENDANTE ou TURKESTAN, cap. *Boukhara*, et qui, au N., la confinent à la SIBÉRIE ou RUSSIE d'ASIE, vaste contrée très-froide, remplie de marécages et de déserts, excepté dans la partie occidentale. *Tobolsk* en est la ville la plus remarquable.

Ses principaux fleuves sont la *Lena*, le *Iénisei* et l'*Obi*, qui se jettent dans *l'Océan boréal oriental*, où se projette le cap *Severo-Vostotchnoï*, le plus septentrional de l'*Asie*.

Dans le *Turkestan* on remarque le grand lac *Aral*, et dans la *Sibérie* le lac *Baïcal*, près de la source de la *Lena*.

175. Au N.-E. est la presqu'île de *Kamtchatka*, au S. de laquelle on remarque l'empire du JAPON, composé de plusieurs îles, dont la principale est *Niphon*, où se trouve *Yédo*, ville immense, capitale de tout l'empire.

VINGT-NEUVIÈME LEÇON.

Afrique septentrionale.

176. L'AFRIQUE, jointe à *l'Asie* par l'isthme de *Suez*, est bornée au N. par la *Méditerranée*; à l'E., par la mer *Rouge* et *l'Océan Indien*; au S., par l'*Océan austral*; et à l'O., par *l'Océan atlantique*.

---

(1) Les deux premières s'écrivent aussi, à la française, *Pékin* et *Nankin*.

Ses principales divisions sont,

Dans la partie septentrionale :

177. L'ÉGYPTE, capitale le *Caire ;* la NUBIE, v. pr. *Dongolah* et *Sennaar,* et L'ABYSSINIE, capitale *Gondar;* ces contrées sont baignées à l'E. par la mer *Rouge,* et arrosées, du S. au N., par le *Nil,* qui débouche dans la *Méditerranée.*

178. A l'O. de *l'Égypte,* on longe la côte septentrionale de *l'Afrique;* c'est la BARBARIE, où l'on remarque les états de Tripoli, de Tunis et d'Alger, dont les capitales portent les mêmes noms.

La régence d'Alger est, depuis 1830, une colonie française.

Cette côte fertile est dominée par la chaîne de *l'Atlas* [qui a donné son nom à l'*Océan* où, se projetant, elle paraît avoir formé les îles *Canaries* (les *Fortunées* des anciens), au N. desquelles sont les îles *Madères,* célèbres par leurs vins.]

179. A l'O. de la régence d'Alger, la côte dépend de l'empire de MAROC, qui s'étend dans l'intérieur et sur la côte occidentale. *Maroc* en est la capitale.

180. Au S. et à l'O. est le désert de SAHARA, qui présente une immense mer de sables.

181. Au S. du *Sahara* est le SOUDAN ou NIGRITIE, grande contrée très-riche, mais peu connue, arrosée par le *Niger* ou *Diali-ba,* qui se jette dans le golfe de *Guinée.*

Tombouctou est la plus célèbre de ses nombreuses villes, quoiqu'elle n'en soit ni la plus grande ni la plus riche.

[Au centre est le lac *Tchad,* qu'on croit être une mer intérieure.]

182. A l'O. du *Soudan* est la SÉNÉGAMBIE, fertile contrée qui doit son nom aux deux fleuves qui l'arrosent, le *Sénégal* et la *Gambie. Bambouk* en est une des villes principales de l'intérieur. Sur la côte, les Français et les Anglais ont formé plusieurs colonies.

Dans l'*Océan,* en face du *Cap-Vert,* le plus occidental de l'*Afrique*, on remarque les îles de même nom.

TRENTIÈME LEÇON.

Afrique méridionale.

183. L'AFRIQUE MÉRIDIONALE, qui n'a guère que ses côtes de connues, est séparée de la partie septentrionale par deux chaînes de montagnes : les monts de la *Lune* ou *El-Kamar*, à l'E., et ceux de *Kong*, à l'O.

184. Sur la côte occidentale se présente d'abord la GUINÉE, contrée brûlante et très-fertile, divisée en plusieurs côtes.

[*Coumassie*, ville de l'intérieur, est la capitale d'un nouvel empire très-puissant, celui des ACHANTINS. On y remarque aussi *Benin*, cap. d'un royaume qui a donné son nom à un golfe.]

185. Au S. est la GUINÉE MÉRIDIONALE ou CONGO, pays non moins riche, dont la cap. est *San-Salvador*, et qui est arrosé par le *Zaïre* et la *Couanza*.

Au S.-O. dans l'*Océan* est l'île de *Sainte-Hélène*, où Napoléon mourut en 1821.

186. L'extrémité de cette partie de l'*Afrique* est occupée par le GOUVERNEMENT DU CAP, aux Anglais ; c'est un pays sain et bien cultivé, qui doit son nom au célèbre cap de *Bonne-Espérance*, le plus méridional de l'*Afrique*.

Au N. habitent les *Hottentots* et les *Cafres*.

187. La côte orientale, que baigne l'*Océan indien*, présente d'abord la CAFRERIE PROPRE et le MONOMOTAPA, royaume très-riche en or. Le *Zambèze*, qui l'arrose, prend sa source dans les monts *Lupata*, surnommés l'*Épine du Monde*.

A l'E., dans l'*Océan*, est la grande île de *Madagascar*, séparée du continent par le canal de *Mozambique*. Plus à l'E. on remarque l'île *Bourbon*, à la *France*, et l'île de *France*, à l'*Angleterre*, toutes deux célèbres par leurs productions.

188. Revenant à la côte, nous suivons le royaume de Mozambique, dont la capitale de même nom est dans une île.

189. Jusqu'au golfe d'*Aden*, où se trouve le cap *Gardafui*, le plus occidental, la côte, généralement aride, n'offre guère de remarquable que la ville de *Mélinde*.

190. L'intérieur de l'*Afrique méridionale*, où s'étendent de vastes déserts habités par des nations féroces, est encore inexploré.

191. La plupart des habitants de l'*Afrique* sont noirs; vers le nord, ils appartiennent à la race asiatique.

TRENTE-UNIÈME LEÇON.

Amérique septentrionale.

192. L'AMÉRIQUE, la plus grande des parties du Monde, est bornée au N. par l'*Océan boréal occidental*, encombré d'immenses lits de glaces; à l'E., par *l'Océan atlantique*, qui y forme, du N. au S., la mer de *Baffin*, par le détroit de *Davis*; la mer *d'Hudson*, par le détroit de ce nom, le golfe *Saint-Laurent*, celui du *Mexique* et la mer des *Antilles*; au S., par l'*Océan austral occidental*, et à l'O. par l'*Océan oriental*, qui y forme le golfe de *Californie* ou mer de *Cortez*.

193. Au N.-E. de la mer de *Baffin* s'étend le GROENLAND, presqu'île couverte de rochers et de glaces, [et au S. de laquelle se projette le cap *Farewell*.]

194. Au S.-O. est la NOUVELLE-BRETAGNE, à l'*Angleterre*, où l'on remarque le *Canada*, ancienne colonie française, et où se trouvent de nombreux lacs, dont le plus grand est le lac *Supérieur*. *Québec* est la capitale de cette contrée [dont les principaux indigènes sont les *Esquimaux* au N. et les *Iroquois* au S.]

195. Au N.-O. est l'AMÉRIQUE RUSSE, dont les côtes bordées d'îles sont seules connues. Il s'y fait un grand commerce de fourrures. On y remarque le cap *Glacé*,

le plus septentrional de *l'Amérique*, et celui du *Prince de Galles*, le plus occidental.

196. Au S. de la *Nouvelle-Bretagne* sont les ÉTATS-UNIS, vaste république composée de 24 états et de 6 territoires, dont la capitale est *Washington* et les villes principales *Boston*, *New-York*, *Philadelphie*, *Baltimore*, la *Nouvelle-Orléans*, chef-lieu de la *Louisiane*.

Au S.-E. est la *Floride*, presqu'île très-fertile.

197. Au S.-O. des *États-Unis* s'étend le MEXIQUE, autre république qui a secoué le joug espagnol, pays très-fertile et riche en or et en argent ; sa capitale est *Mexico*, et son port principal la *Vera-Cruz*.

198. Au S. du *Mexique* est le GUATEMALA, pays riche et montagneux, mais exposé aux tremblements de terre ; sa capitale est *Guatemala*, sur la rive occidentale ; ce pays dépendait aussi de *l'Espagne*.

L'Amérique septentrionale s'y termine par l'isthme de *Panama*, qui joint les deux *Amériques*.

199. Elle est traversée du N. au S. par une longue chaîne généralement désignée sous le nom de *Monts Rocheux*, et d'où sortent de nombreux courants d'eau ; le principal est le *Missouri* qui, grossi de *l'Ohio* et du *Mississipi*, est le plus grand fleuve du Globe (1500 lieues de sa source à son embouchure.)

Dans la partie orientale des *États-Unis* s'élèvent les monts *Alleghany* ou *Apalaches*.

Parmi les autres fleuves on remarque le large *Saint-Laurent*, qui débouche dans le golfe de ce nom, par lequel s'écoulent les eaux des principaux lacs de la *Nouvelle-Bretagne*, et le *Rio del Norte* qui arrose la partie orientale du *Mexique*.

200. Les îles les plus remarquables de *l'Amérique septentrionale* sont TERRE-NEUVE, en face du golfe *Saint-Laurent* ; les ANTILLES, dont les principales sont *Cuba*, cap. la *Havane*, *Haïti* ou *Saint-Domingue*, la *Jamaïque*, la *Guadeloupe* et la *Martinique*.

[Au N. de la côte occidentale sont les îles *Aléou-*

tiennes qui forment, au S. de la mer de *Bering*, une chaîne en ligne courbe, et l'archipel *Quadra* et *Van-couvert*, où se trouvent beaucoup d'animaux à four-rures.]

TRENTE-DEUXIÈME LEÇON.

Amérique méridionale.

Les grandes divisions de l'AMÉRIQUE MÉRIDIO-NALE sont, du N. au S. :

201. La COLOMBIE, pays chaud et fertile, principale-ment arrosé par *l'Orénoque* et ses affluents. Parmi les villes on remarque *Bogota*, cap., et *Quito*, ville très-an-cienne, sur un plateau très-élevé.

202. A l'E. sont les GUYANES, contrée généralement marécageuse, mais remarquable par sa brillante vé-gétation. Ses principales villes sont *Paramaribo* et *Cayenne*.

203. Au centre et dans la partie orientale est l'empire du BRÉSIL, dont le sud est sain et très-fertile. Le vaste bassin de *l'Amazone* ou *Maranon* (prononcez *Maragnon*), le second fleuve du Globe, en occupe la plus grande partie. Sa capitale est *Rio-de-Janeiro*, très-belle ville sur la côte, où l'on remarque aussi *Bahia* ou *San-Salvador*, et le cap *Saint-Roch*, le plus oriental. L'*Amazone* coule de l'O. à l'E. et débouche dans *l'Océan atlantique*, au S. des *Guyanes*. La plupart de ses affluents découlent de montagnes riches en mines d'or, d'argent et de pierres précieuses.

204. Dans la partie occidentale, au S. de la *Colombie*, on remarque le PÉROU, et le HAUT PÉROU, aussi appelé BOLIVIA, abondants en mines d'or et d'argent. La capitale du *Pérou* est *Lima*; on y remarque aussi la ville de *Cuzco*; la Cap. de *Bolivia* est la *Plata* célèbre, ainsi que *Potosi*, par ses mines d'argent.

205. Au S. du *Brésil* et du *Haut-Pérou* sont le PARA-GUAY, cap., *Assomption*; le BUÉNOS-AYRES, pays déli-

cieux, dont la cap. de même nom est à l'embouchure du *Rio de la Plata*.

Le *Paraguay*, fleuve qui prend sa source dans le *Brésil*, sépare ces deux pays.

206. A l'O., le long de la côte, s'étend le CHILI, pays renommé par son climat et sa fertilité. *Santiago* en est la capitale.

207. Au S. l'*Amérique* se termine par la PATAGONIE, pays froid, stérile et peu connu.

C'est à cette contrée qu'appartient l'*Archipel Magellanique*, dont l'île principale est la *Terre-de-Feu*, au S. de laquelle se projette le cap *Horn*, le plus méridional de l'*Amérique*.

208. Une très-longue et haute chaîne volcanique domine, du N. au S., toute la côte occidentale; ce sont les *Andes*, ou la *Cordillière* des *Andes*, dont le *plateau colombien*, où se trouvent plusieurs volcans, est le point le plus élevé.

209. [Celles des parties de l'*Amérique méridionale* qui étaient soumises à la domination espagnole, se sont constituées en diverses républiques. Le *Brésil*, qui était la plus riche colonie du *Portugal*, forme aujourd'hui un empire dont la population est encore loin de répondre à l'étendue. Dans l'intérieur, beaucoup de peuplades indigènes sont demeurées indépendantes.]

TRENTE-TROISIÈME LEÇON.

Océanie.

210. L'Archipel de NOTASIE, aussi nommé ARCHIPEL ASIATIQUE, produit beaucoup de riz, de cannes à sucre et d'épices.

Ses îles principales sont, de l'O. à l'E. :

Les îles de la SONDE, parmi lesquelles on remarque :

Sumatra, séparée du continent par le détroit de *Malacca*;

Java, que le détroit de la *Sonde* sépare de la précédente;

Bornéo, la plus grande de cet archipel ;

Célèbes, séparée de la précédente par le détroit de *Macassar.*

Les MOLUQUES, les plus orientales, abondantes en épices.

Les PHILIPPINES, au N., baignées, ainsi que *Bornéo,* par la mer de *Chine.*

Dans l'AUSTRALIE ou l'AUSTRALASIE, on remarque :

211. La *Nouvelle-Hollande,* dont la longueur est d'environ mille lieues, et la largeur de sept cents; on n'en connaît guère encore que les côtes. Les Anglais y ont formé, dans une partie fertile, à *Botany-Bay,* cap. *Sidney,* une colonie, où l'on transporte un grand nombre de condamnés ;

212. La *Nouvelle-Guinée,* au N. de la précédente, qui en est séparée par le détroit de *Torrès ;*

La *Terre de Diémen,* au S., séparée de la *Nouvelle-Hollande* par le détroit de *Bass ;*

La *Nouvelle-Zélande,* principalement composée de deux îles, à l'O. de la précédente;

Du N. de la *Nouvelle-Zélande* jusqu'au N. de la *Nouvelle-Guinée* se trouvent encore six archipels qui font partie de l'AUSTRALASIE.

213. Parmi les nombreuses îles de la POLYNÉSIE on remarque, dans la partie septentrionale :

L'archipel de *Magellan ;*

Les îles *Sandwich,* dont *Owhyhée* est la principale, dans la partie méridionale ;

Les îles des *Amis,* principale *Tonga-Tabou ;*

Les îles de la *Société,* principale *O-Taïti.*

FIN.

TABLE ANALYTIQUE.

Cette table analytique peut aider le professeur à faire sa leçon de vive voix et à interroger ses élèves; ceux-ci y trouveront le moyen de se rappeler les diverses parties de la leçon, et d'en faire la rédaction.

Les chiffres renvoient aux alinéas. Les parties correspondantes aux articles qui se trouvent entre crochets, sont précédés d'un astérisque.

PREMIÈRE PARTIE.
NOTIONS PRÉLIMINAIRES.

Troisième Leçon.

La Lune.

Quatrième Leçon.

De la Sphère céleste et de ses rapports avec la Terre.

CHAPITRE IV.

Divisions générales du Globe.

Onzième Leçon.

Grandes divisions des terres.

Douzième Leçon.

Grandes divisions des eaux.

DEUXIÈME PARTIE.

SUBDIVISIONS DU GLOBE.

TABLE ALPHABÉTIQUE

Le 1 précède les noms géographiques qui appartiennent à l'Europe; 2, ceux de l'Asie; 3, ceux de l'Afrique; 4, ceux de l'Amérique; 5, ceux de l'Océanie.

Les noms qui ont rapport à la cosmographie et aux définitions sont en italique.

A

B

C

D

E

F

G

H

I

J

K

L

M

N

O

P

Q

R

S

T

U

V ET W

Y

Z

FIN.

www.ingramcontent.com/pod-product-compliance
Lightning Source LLC
LaVergne TN
LVHW020707200726
843508LV00002B/924